내 모자 밑에 숨어 있는

창의성의
심리학

내 모자 밑에 숨어 있는

창의성의
심리학

| 장재윤 · 박지영 지음 |

GASAN BOOKS

창의성의 바다에 뛰어들어라

인류 역사상 가장 암흑기였던 중세시대에는 경제, 사회, 문화 등 모든 분야의 중심에 신이 존재했다. 그러나 14세기 유럽 사회를 휩쓸고 간 흑사병의 공포와 십자군 원정의 실패 등으로 인하여 사람들은 인간 중심의 사고를 하게 되었다.

인간 중심의 창의적인 사고 패러다임은 획기적인 사고의 전환이었으며, 이 패러다임은 르네상스 시대를 등장하게 만들었다. 르네상스(Renaissance)는 '재생'이라는 뜻으로, 신 중심의 중세시대의 한계를 뛰어넘어 '새로운 변화', '개혁' 등의 혁신적인 의미로 문예부흥을 일컫는다.

르네상스 시대는 뛰어난 창의성을 가진 예술가, 과학자들이 등장한 시대이기도 하다. 예컨대, 역사상 가장 창의적인 사람으로 평가받는 레오나르도 다빈치는 인간의 신체 구조와 자연에 대한 과학적인 접근을 했으며, 예술작품과 발명품을 통하여 천재성을 보여 주었다.

21세기가 시작되면서 우리는 르네상스에 버금가는 디지털 혁명의 시대를 맞이하고 있다. 또한 세계 경제의 글로벌화로 인하여 우리는 한치 앞을 내다볼 수 없는 불확실성 세계로 내몰리고 있다. 과거에는 시험문제 하나를 더 많이 푸는 것이 잘살고 못사는 것을 결정지었다면, 이제는 무엇이 문제인지 그 문제 자체를 찾아내는 데 사활이 달려 있는 생존경쟁 사회이다.

생존경쟁에서 살아남기 위해서는 남들이 생각지 못한 독창적이고도 유용한 아이디어가 필요하다. 남들과 같이 생각하고 같이 행동해서는 중간밖에 되지 않는다. 기업 역시 예외는 아니어서 창의적 아이디어로 무장하여 남들이 보지 못한 블루 오션을 찾아야 생존할 수 있다. 이러한 것의 바탕이 창의성이다. 창의성은 우리들의 미래를 보장할 든든한 버팀목이다.

창의적 상상력은 오래 전부터 강조되어 왔다. 아담 스미스는 18세기 말에 발표한 〈국부론〉에서 "한 나라의 진정한 부의 원천은 그 나라 국민들의 창의적 상상력에 있다"고 갈파했다. 그 때문에 최근 우리 사회에 창의성이나 창조경영에 대한 관심이 매우 커지고 있는 것을 보면 그나마 다행스런 일이 아닐 수 없다. 이것은 우리나라의 경제 여건이나 기업들이 처한 환경에서 그 어느 때보다 조직의 리더나 구성원들의 창의력이 중요함을 깨달은 결과라고 하겠다.

이 책은 창의성이 무엇이며 왜 생존전략이 될 수밖에 없는지, 우리가 잘못 알고 있는 창의성에 대한 오해는 어떤 것들이 있는지, 창의적인 사람들은 어떤 사람들이며 두뇌와는 어떤 관련이 있는지, 창의성이 발현되기 위해서는 어떤 조건들이 필요하며, 창의적인 아이디어를 내는 데는 어떤 기법들이 있는지 등의 내용을 담고 있다.

이 책은 내용에서도 알 수 있듯이 여러분의 창의성을 신장시켜 한 순간에 여러분을 창의적인 사람으로 만들어 주지는 않는다. 대신 여러분들이 창의성의 바다에 뛰어들어 창의성으로 흠뻑 젖을 수 있게끔 물가로 인도해 주는 책이다. 창의성의 바다에 뛰어들고 말고는 여러분의 몫이다. 하지만 물가까지만 간다면 물에 뛰어들어 놀고 싶은 것이 우리 인간의 마음이 아니겠는가.

우리는 여러분이 자신의 모자 밑에 숨어 있는 창의성의 존재를 알아채고 잠에서 깨워 충분히 활용할 수 있게 되기를 바란다. 이 책을 읽은 여러분들이 창의성의 중요성을 파악하고 스스로 창의적인 사람이 되고자 노력한다면 우리는 충분히 이 책을 쓴 보람을 찾을 것이다. 대신 창의성은 여러분의 생각 이상으로 여러분에게 그에 대한 보답을 줄 것이다.

필자가 창의성에 관심을 가지게 된 계기는 박사과정 때 앨런 위너의 〈발명된 세계: 예술 심리학〉을 읽게 되면서부터였다. 이후에도 계속 창의성에 관심을 가지면서 1998년부터는 〈창의성의 심리학〉을 교양강의로 개설하게 되었다.

그리하여 그 내용을 책으로 출간하자는 제의를 출판사로부터 받은 지 4년이 지났다. 이런저런 사정으로 출간이 미루어져 있던 때 마침 대학 동기이며 저술가인 박지영 선생을 만나 책을 마무리하기로 했다. 박지영 선생은 이미 심리학의 대중화를 이끈 베스트셀러 〈유쾌한 심리학〉 등 관련 서적을 집필한 경험이 있는 데다 십수년간 전문편집자의 길을 걸어왔기에 나의 초고를 잘 정리해 줄 수 있는 최고의 적임자였다. 박지영 선생이 참여하면서 내용을 정리하고 보완하고 다듬는 작업이 제대로 이루어졌다. 그래도 여전히 미흡한 면이 있다고 생각되지만, 일단 출간하여 독자들로부터 질타를 받으면서 배우는 것도 하나의 방법이라는 생각에 감히 출간을 결심하게 되었다.

이 책을 내기까지 많은 분들의 자극과 도움이 있었다. 일일이 열거하기 어렵지만 무엇보다 두륜회(頭崙會) 선생님들 그리고 김명언 선생님은 늘 지적인 격려자가 되어 주셨고, 10년을 함께한 조직창의성연구회 동료들의 도움도 많았다. 그리고 오랫동안 기다려 준 가산출판사 이종헌 대표께는 미안한 마음을 금할 길이 없다.

모쪼록 여러분들이 이 책을 통해 창의성을 올바로 이해하고 활용하는 데 조금이라도 보탬이 되기를 바라는 마음 간절하다.

장 재 윤

01 왜 창의성이 중요한가?

창의성은 불확실한 시대의 생존전략 · 17

영화 한 편과 자동차 150만 대 · 20

창의성의 두 가지 사례 · 24

02 창의성이란 무엇인가?

창의성은 새롭고 유용한 것을 생성해 내는 능력 · 31

창의성의 유형 · 32

창의성의 역사성 — 체계이론 · 39

창의성에 대한 다양한 견해들 · 42

03 창의성에 대한 오해

오해 1 — 창의성은 무의식적으로 이루어진다 · 48

오해 2 — 창의성은 오이디푸스 콤플렉스의 결과다 · 64

오해 3 — 나는 창의적이지 않다 · 82

04 뇌와 창의성에 대하여

대뇌의 기능분화 · 90

좌 · 우뇌의 우세 기능 비교 · 94

우뇌 기능 촉진 활동 · 96

반구와 창의성 · 99

05 창의적인 사람들의 특성

창의적인 사람의 발달적 특성 · 115

연령과 창의성 · 118

지능과 창의성 · 120

성격과 창의성 · 124

06 창의성 발현의 3요소

요소 1 — 지식과 경험 · 140

요소 2 — 창의적 사고력 · 149

요소 3 — 내적 동기 · 155

07 창의적 사고기법 1 — 브레인스토밍

창의적 사고의 방해요소들 · 171

회의적인 회의 · 175

브레인스토밍 · 178

브레인스토밍의 장점과 단점 · 184

변형 1: 브레인라이팅 · 188

변형 2: 전자브레인스토밍 · 190

08 창의적 사고기법 2 — 기타 기법들

SCAMPER · 195

결부법 · 205

형태분석법 · 216

속성열거법 · 219

육색 사고모 · 223

마인드 맵 · 225

트리즈(TRIZ) · 228

09 집단과 조직의 창의성

소수의 영향 · 238

창의적 마찰 · 242

집단사고 — 집단의 부정적 결과 · 246

창의적 리더 · 252

조직 창의성(창의성 경영) · 261

조직 창의성 촉진요소 · 263

참고문헌 · 271

왜 창의성이 중요한가?

불확실한 환경에서

살아남기 위해

가장 필요한 능력은

창의성이다

창의성은 불확실한 시대의 생존전략

2003년 타계한 미국 조지아대학교 교육심리학자 토렌스(Torrance) 교수는 창의성 교육과 연구를 왕성하게 하여 창의성 분야의 세계적 권위자로 인정받는 사람이다. 그는 세계적으로 사용되고 있는 창의성 검사인 TTCT(Torrance Tests of Creative Thinking)를 개발했을 뿐만 아니라 세계적으로 매년 25만여 명이 참여하는 미래문제해결 프로그램(Future Problem Solving Program)을 개발하기도 했다. 토렌스 교수가 왜 창의성에 몰두하게 되었는지 그의 이야기를 한번 들어보면 창의성이 중요한 이유를 알 수 있을 것이다.

토렌스는 1950년 미국에서 박사학위를 받고 얼마 되지 않아서 미 공군으로부터 중요한 프로젝트를 수행해 달라는 요청을 받았다. 당시는 한국전쟁(6.25전쟁)이 시작되었을 때였다. 프로젝트의 목적은 전투기나 전폭기 또는 수송기 조종사가 작전 수행 중 비행기가 추락했을 때 조종사가 생존하여 무사히 귀환할 수 있는 훈련 프로그램을 개발하는 것이었다.

토렌스는 여러 관련 문헌들을 살펴보고, 제2차 세계대전 당시 실제로 추락 후 생존한 조종사들을 만나서 '어떻게 해서 생환할 수 있었는지'에 대한 인터뷰를 했다. 토렌스는 이러한 인터뷰 내용을 분석하는 과정에서 놀라운 사실을 발견했다. 비행기 추락 후 생환한 사람들이 일관적으로 지적하는 능력은 바로 '창의력'이었다. 추락하게 되면 전혀 예측할 수 없는 장소와 상황에 처하게 되고, 이러한 불확실한 상황에서 살아 나오기 위해서는 자신의 지금까지의 경험들을 기초로 한 창의적인 문제해결 능력이 요구된다는 것이다.

그래서 토렌스는 미 공군으로부터 의뢰받은 프로젝트에서 무엇을 훈련시킬 것인가에 대해 결론을 내릴 수 있었다. 그것은 다름 아닌 창의력을 훈련시키는 것이었다. '생환에 필수적인 도구'는 바로 창의력이었다.

토렌스는 이 프로젝트 수행 후 창의성에 매료되어 연구를 집중하여 창의성 분야의 세계적 권위자가 되었다.

오늘날 우리는 커다란 변화의 과정 속에 매우 불확실하고 예측 불가능한 환경에 직면해 있다. 전혀 예측할 수 없는 추락한 지점의 환경이 바로 오늘날의 환경이라면, 그 환경에 추락한 조종사는 오늘날 우리들의 모습이다.

사람들은 현대를 불확실성의 시대라고 한다. 급속한 기술의 진보와 더불어 주변 상황과 환경 또한 변화가 많고 거세져 확실한 것이 없다는 뜻에서이다. 또 다른 사람들은 현대를 비연속성의 시대라고도 한다. 현대는 과거와 일직선상으로 연속되어 있는 것이 아니어서 과거의 연장선상에서는 예측할 수가 없다는 뜻에서이다.

예를 들어보자. 일부 가정에서는 평면 TV 등 첨단 TV를 가지고 있지만, 또 일부 가정에서는 브라운관 방식의 TV를 사용한다. 조만간 이 브라운관 방식의 TV는 평면 TV 방식으로 대체될 것으로 예상된다.

평면 TV의 기술인 PDP(plasma display panel) 방식 또는 LCD(liquid crystal display) 방식은 브라운관 방식과는 질적으로 다르다. 연속성이 전혀 없기 때문이다. 그래서 브라운관 기술에 관해 많은 노하우와 기술을 축적한 사람일지라도 PDP나 LCD TV에 관련된 기술에 대해서는 전혀 무용지물일 수밖에 없다. 따라서 브라운관의 기술자는 신기술을 새로 배우거나 직업을 다른 것으로 바꿔야 할 것이다.

이처럼 앞으로의 세상은 현재와 단절된 채 더욱 더 불확실하게 펼쳐질 것이다. 기술진보 또한 발전이 엄청나서 생각지도 못한 어떠한 신기술이 우리 앞에 나타날지 모른다. 과거에는 튼튼한 신체와 체력을 바탕으로 '삽질'을 해서 우리가 먹고 살았다면, 굴삭기가 등장하면서 단 1명의 일손으로도 99명의 일꾼을 대체할 수 있게 되었다. 굴삭기를 다룰 줄 아는 그 한 명이 되지 못하는 99명의 일꾼은 새로운 직업을 찾아 나서야 하는 것이다.

이처럼 지식정보화 사회인 오늘날에는 상당한 불확실성과 복잡성이 존재한다. 그래서 한 치 앞의 미래를 내다볼 수 없는 예측 불가능성이 증가한다. 이러한 예측 불가능성은 많은 사람들에게 스트레스를 주고 위협으로만 느껴진다.

하지만 또 다른 시각에서 보면 그 안에는 새로이 펼쳐지는 세계에 대한 많은 '기회'가 있다는 의미이기도 하다. 위기를 한자로 표기하면 危機이다. 危(위태할 위)와 機(틀 기)가 어우러진 말이다. 즉, 이 말은 위태로움 속에 '기회'(機會)가 있다는 뜻이기도 하다.

이런 기회를 잡기 위해서는 일상적으로 생각하는 정도의 사고방식이상이 필요하다. 과거의 사고방식과 틀, 관습으로부터 벗어나야 한다. 과거로부터의 탈피에서 가장 중요시되는 요소가 바로 창의성이다.

불확실성의 위협을 피하고 현재의 문제를 타파하기 위한 창의성은 비단 개인에게만 해당되는 것은 아니다. 국가도 마찬가지다. 현재 전 세계는 정보기술(IT) 발달에 바탕을 둔 급격한 변화를 경험하고 있으며, 산업화 시대와 아날로그 시대에 적합했던 기존의 방법과 틀로는 이러한 변화에 더 이상 효과적으로 대응할 수 없다. 스위스의 다보스에서 열려 일명 다보스 포럼(Davos Forum)이라고 불리는 세계경제포럼(WEF)의 2006년도 테마도 '창의성'이었다. 즉, 세계 경제가 안고 있는 주요한 문제를 해결하기 위해서는 상상력과 혁신, 창의력이 절실하다는 것이다.

개인에게서든 국가에서든 왜 요즘 창의성이란 단어가 많이 언급되는가에 대한 이유는 바로 이러한 맥락에서 찾을 수 있다.

영화 한 편과 자동차 150만 대

1994년 5월 17일, 국가과학기술자문회의가 당시 김영삼 대통령 앞에 올린 한 보고서가 주목을 끌었다. 6천 5백만 달러의 제작비를 들인 할리우드 영화 〈쥬라기 공원〉 한 편의 1년간 흥행 수익이 한국 자동차를 150만 대 수출해 벌어들인 수익인 약 8억 6천만 달러와 맞먹는 수준이라는 것이었다.

한국의 자동차산업은 수출 1위, 무역흑자 1위, 고용창출 1위의 효자산업임에도 불구하고 1993년 전 자동차업계가 수출한 물량은 150만 대의 절반에도 미치지 못하는 64만 대였다. 반면 1997년 5월 30일 〈LA타임스〉가 공개한 〈쥬라기 공원〉의 총 수익 추정치는 테마 파크 수익을 제외하고도 약 25억 6천만 달러, 당시 환율(1달러=1천 원)로 약 2조 5천 6백억 원이었다. 〈쥬라기 공원〉의 생산원가는 650억 원에 불과했다.

'자동차 150만 대 수출'이라는 것은 산업사회의 대량생산 체제의 산물이다. 그러나 스필버그 감독의 영화 〈쥬라기 공원〉은 인간의 무형자산, 그 중에서도 핵심 요소인 창의성이 결집된 작품이다.

첨단기술과 함께 인간의 무한한 상상력과 독창성이 결집된 영화 한 편의 수익이 수십 만 명이 작업해서 150만 대의 자동차를 수출해서 번 외화와 맞먹는다는 이 사례는 창의성이란 것이 얼마나 엄청난 결과를 가져올 수 있는지를 직접적으로 느끼게 해준다.

〈쥬라기 공원〉뿐만이 아니다. 〈반지의 제왕 1·2·3〉은 뉴질랜드 출신의 감독이 뉴질랜드에서 찍은 영화다. 이 영화는 서너 번씩 봤다는 영화팬들이 수없이 많을 정도로 세계를 흥분시켰다. 뉴질랜드는 이 영화 3편의 극장수입만으로 28억 6천만 달러(약 2조 8천억 원)를 벌었다. 뉴질랜드는 이후 할리우드 영화의 촬영지로 각광받았으며, 영상산업 또한 단번에 164%의 초고속으로 성장했다. 〈라스트 사무라이〉, 〈마스터 앤드 커맨더〉 등이 그 후 뉴질랜드에서 촬영된 작품들이다.

이렇게 되자 단역배우, 세트장 건설, 숙박 및 음식업 등 관련 산업에서 약 2만 명의 고용효과가 창출되었고, 〈반지의 제왕〉 주인공인 프로도의 이름을 딴 '프로도 경제'라는 신조어까지 생겨났다. 또한 뉴질랜드라는 국가 브랜드의 광고효과는 4천 8백만 달러에 달하는 것으로 조사되었고, 뉴질랜드를 찾는 관광객 수는 이전보다 5.6% 늘어났다.

영국의 창조산업

창조산업이란 개인의 창작력이나 재능에 기초해 새로운 부와 직업을 창출하는 산업을 말한다. 한국과 미국에서는 각각 문화콘텐츠 산업과 엔터테인먼트 산업이라는 용어로 통용되고 있다. 세계 경제 성장률이 연평균 3%(1999~2002년)에 머물고 있는 것과 달리 세계 창조산업은 연평균 5% 내외의 성장을 구가하고 있다. 이러한 창조산업의 성장세는 앞으로도 지속돼 2002년 약 1조 890억 달러였던 시장 규모가 2007년에는 약 1조 3740억 달러로 늘어날 전망이다.

디자인과 영화, 애니메이션, 방송, 멀티미디어, 컴퓨터게임, 출판, 광고 등을 포함하는 영국의 창조산업은 지난 10년 사이 거의 두 배나 성장했다.

영국 통계청이 최근 발표한 자료에 따르면 창조산업이 GDP에서 차지하는 규모가 약 9%에 이른다. 2002년 말 기준 부가가치 창출액은 809억 파운드(약 162조 원)로 지난 10년간 93% 성장했다. 같은 기간 동안 전체 경제성장률 73%를 크게 웃도는 수치다. 관련 기업체는 12만 2000여 개이며 고용창출 효과도 200만 명에 이른 것으로 나타났다.

퍼트리샤 휴잇 영국 통상장관은 최근 파이낸셜타임스 기고문을 통해 "창조산업은 영국 경제에서 가장 성공적이고 성장 속도가 빠른 산업 중 하나로서 연간 114억 파운드(약 22조 8000억 원)의 무역흑자를 내고 있다"고 강조했다.

그는 이어 "창조산업이 영국 경제에 미치는 기여는 건설과 보험산업보다 더 많고 의약 산업의 2배에 해당한다"며 창조산업이 영국 경제의 근간이라는 점을 분명히했다.

그동안 산업혁명으로 연상되는 굴뚝산업의 나라, 여왕과 신사로 대변되는 전통의 나라라는 보수적인 이미지를 벗어던지고 젊고 활기찬 창조적인 영국으로 거듭나겠다는 의지를 피력한 셈이다. - 매경, 2004. 12. 1.

오스트리아에서도 이와 비슷한 상황이 재연되었다. 모차르트가 태어난 지 250년이 되는 날인 2006년 1월 27일, 그의 고향인 잘츠부르크 시는 '모차르트 해'를 맞이해 탄생 250주년을 기념하는 다양한 행사를 준비했다. 그 행사의 일환으로 '모차르트'라는 이름이 갖는 경제적 가치를 조사해 본 것도 있는데, 그 결과 그 상표가치가 무려 54억 유로에 이르는 것으로 나타났다.

이것은 모차르트가 차지하는 비중이 얼마나 큰지를 단적으로 보여주고 있다. 단순히 200여 년 전에 실존했던 존경받는 위인의 지위를 뛰어넘어, 문화상품, 캐릭터상품, 각종 제품의 모델 등으로 다양한 분야에서 현재 오스트리아 경제의 한 축을 담당하고 있는, 떼려고 해야 뗄 수 없는 존재가 된 것이다.

자본주의의 아버지라 불리는 〈국부론〉의 저자 애덤 스미스는 다음과 같이 말했다.

"한 국가의 진정한 부는 GNP에 있는 것이 아니라 그 나라 국민들의 '창의적 상상력'에 있다."

이 말을 입증하는 사례는 곳곳에서 발견된다. 요즘 전세계적으로 가장 창의적인 CEO로 주목받는 애플의 스티브 잡스가 그의 친구인 워즈니악과 함께 허름한 차고에서 시작하여 PC산업을 일군 그의 창의력과 도전정신이 미국 경제에 미친 영향은 상상을 초월하는 것이다.

빌 게이츠가 하버드대를 중퇴하고 마이크로소프트(MS)를 창업했을 때 어느 누구도 MS가 IBM이나 DEC 같은 거대 기업을 제치고 세계 최고의 IT(정보기술) 기업이 될 것이라 예상하지 못했다.

아마존닷컴의 제프 베이조스가 시골 교외에 창고를 빌려 인터넷 서점 사업을 시작했을 때에도 그것이 신(新)유통혁명의 서곡이라는 것을 아무도 알아차리지 못했다.

이렇듯 오늘날의 지식정보화 사회에서의 한 개인 또는 집단의 창의성은 상상을 초월하는 성과를 가져온다. 과거 농업사회에서 부지런한 한 사람이 10명을 먹여 살렸다면, 산업사회에서는 유능한 한 사람이 100명을 먹여 살릴 수 있었다. 그러나 오늘날 지식정보화 사회에서는 창의적인 한 사람이 1만 명 또는 10만 명도 먹여 살릴 수가 있다.

창의성의 두 가지 사례

일반 사람들은 창의적인 인물들과 그들의 업적에 대해 생각하면 그 과정이 너무나 신비로워서 굉장히 신기하고 마술(magic) 같은 느낌을 갖는다. 그래서 창의성은 자신과 무관한 것으로 생각하고 일부 특출한 사람들의 전유물로 생각해 버린다.

그러나 창의성은 일부 특출한 사람들의 전유물이 아니다. 우리 앞에도 창의적으로 해결해야 할 과제가 많다. 가령 "수많은 입사 지원자 중에서 자신이 합격하기 위해서는 어떻게 해야 하나?" 혹은 "주문한 상품을 취소하는 고객의 비율이 높은데, 어떻게 하면 그 비율을 줄일 수 있을까?" 등과 같은 것이다.

앞으로 보게 되겠지만 우리들 모두는 창의적이다. 두 사례를 보자. 하나는 빈둥거리며 앞일을 걱정하던 영국의 한 대학생이 남들이 생각지 못한 아이디어 하나로 대박을 터뜨린 이야기이고, 다른 하나는 직장에서 해고되고 생활보조금으로 연명하던 한 여성의 이야기이다.

영국의 일간지 〈가디언〉은 월트셔주 크릭레이드에 사는 21세 대학생인 알렉스 튜의 성공 신화를 소개했다. 그는 얼마 전 '밀리언달러홈페이지닷컴'을 열고 페이지를 10×10픽셀 크기의 미니 박스 1만개로 나누어 픽셀당 1달러의 가격에 분양하기 시작했다. 작은 박스

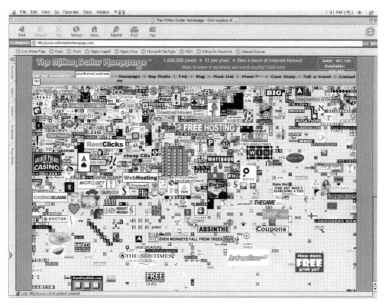

밀리언달러홈페이지닷컴 초기화면

로고를 클릭하면 광고주의 홈페이지로 바로 연결되는 구조였다. 학자금 대출금을 갚는 문제로 고심하던 알렉스는 놀라운 성공을 거두었다. 4주 만에 5만 6천 파운드(약 1억 원)를 벌어들이는 데 성공한 것이다. 〈가디언〉이 전한 분석에 따르면, 밀리언달러홈페이지닷컴은 세계에서 3번째로 빨리 성장하는 웹사이트이며 하루 방문자가 4만 명 수준이다. 한편, 아류가 봇물처럼 터져 나오고 있다. 밀리언달러웹페이지, 밀리언페니홈페이지, 밀리언벅스퍼즐 등이 대박을 노린 후발주자이다. - 팝뉴스, 2005. 9. 26.

그녀는 1965년 7월 영국 웨일스의 작은 시골 마을 치핑 소드베리에서 태어났다. 엑세터 대학 불문학과를 졸업한 후 비서일을 하다가 해고되었다. 그 뒤 맨체스터의 회사에서 일했고 포르투갈로 건너가 영어 강사로 일하다 결혼했으나 곧 이혼했다.

영국으로 다시 돌아온 그녀는 생후 4개월 된 딸과 함께 에든버러에 초라한 방 한 칸을 얻어 정착했다. 일자리가 없어 1년여 동안 생활보조금으로 연명하다 동화를 쓰기 시작했다.

1997년에 나온 이 작품은 고아소년인 해리 포터가 친척집에 맡겨져 천대받다가 마법 학교에 입학하면서 마법사 세계의 영웅이 된다는 줄거리를 담고 있는 환상소설이다.

위 첫 사례의 알렉스라는 청년은 참신한 아이디어 하나로 대박을 터뜨려 한 달에 1억 원을 버는 갑부가 되었다. 그는 더 이상 학자금 대

출문제로 걱정하지 않아도 될 것이다.

두 번째 사례는 보다 극적인 것으로, 그 주인공은 전세계적인 베스트셀러 〈해리 포터〉 시리즈를 쓴 영국의 여류 작가 조앤 롤링(Joanne K. Rowling)이다. 그녀는 해리포터 시리즈의 성공으로 백만장자가 되었을 뿐만 아니라 2000년에는 영국 여왕으로부터 작위를, 세인트 앤드루스 대학에서 명예박사학위를 받기도 했다. 2001년 3월에는 버킹엄궁에서 찰스 왕세자로부터 대영제국훈장을 수여받았다.

또 2001년에는 미국의 경제전문지 〈포브스〉가 선정한 전세계 저명인사 100명 중 25위를 차지했으며, 책 판매와 영화 판권으로 영국에서 2002년 최고 여성소득자에 올랐다. 2004년에는 〈포브스〉가 집계한 10억 달러 이상 '세계 최고 부호 클럽'에 합류했을 뿐만 아니라 미국의 시사주간지 〈타임〉이 뽑은 '세계에서 가장 영향력 있는 100인' 중한 사람으로 선정되기도 했다. 창의적인 생각 하나가 개인에게 얼마나 엄청난 효과를 가져오는지를 보여주는 극적인 사례라 할 수 있다.

위 사례의 두 인물이 비교적 어려운 환경에 놓인 사람이었다는 것을 감안한다면 창의성은 일부 특출한 사람들만의 전유물은 아니라는 것을 알 수 있다. 스스로 창의적이지 않다고 생각하겠지만, 사실상 우리 모두는 창의적인 사람이다. 더구나 오늘날의 세계는 미래가 어느 쪽으로 나아갈지 모르는 불확실 · 불연속성의 시대이다. 이럴 때에는 창의성으로 무장을 해야 한다. 창의성은 개인에게 있어서도 앞으로 가장 중요한 생존전략이기 때문이다.

창의성이란 무엇인가?

창의성은

새롭거나 독창적이고

적절하거나 유용한 무언가를

생성해 내는 능력이다

창의성은 새롭고 유용한 것을 생성해 내는 능력

독일의 한 초등학교 학급에서 학생들이 너무 시끄럽게 떠들었다. 참다못한 여선생님은 아이들이 떠든 벌로 1부터 100까지 모두 더하라는 문제를 냈다. 그러면 한참 동안은 조용할 것이라는 생각에서였다. 그러나 한 꼬마가 몇 분도 안 되어 다 풀었다고 손을 들었다. 또 장난을 하는 것이려니 하고 생각하고 답을 들어보니 뜻밖에도 정답이었다. 놀란 선생님이 어떻게 풀었느냐고 물었다.

"아주 쉬워요."

꼬마가 대답했다.

"1에 100을 더하면 101, 2에 99를 더하면 또 101, 3에 98을 더하면 또 101, 이런 게 50개 있으니 5050이 되죠."

여선생님은 꼬마의 소질을 인정하고 수학교수를 소개해 가면서까지 특별지도를 했다. 이 꼬마가 19세기의 가장 위대한 수학자라는 칼 프리드리히 가우스(Karl Friedrich Gauss, 1777~1855)이다.

그러면 창의성이란 무엇일까? 우리는 창의성이 어떤 것이라고 막연히 알고는 있지만 막상 창의성이 무엇이라고 규정하기는 쉽지 않다. 학자들도 마찬가지여서 일치된 견해가 아직도 없는 실정이다. 심리학자 모건(Morgan)에 따르면 심리학 문헌에는 25개의 서로 다른 창의성에 대한 정의가 있다고 한다. 그만큼 창의성이라는 개념은 모호하다.

하지만 그러한 정의에서 공통으로 들어가 있는 뜻이 있다. 그것은 독창적인 산물을 생성한다는 것이다. 즉, 창의성의 가장 핵심이 되는 요소는 바로 독창성(새로움)이다.

그러나 독창적인 산물이라 하여 항상 창의적인 것은 아니다. 그것이 문제해결에 적절할 때에만 창의성이라고 할 수 있다. 즉, 하늘을 나는 자전거를 생각해 냈다 하더라도 창의적인 것은 아니다. 이론상으로 그 것을 실현시킬 방법이 없기 때문이다.

하지만 가우스의 위 사례는 창의적인 것이다. 왜냐하면 수학 공식을 사용하지 않는 독창성을 지녔을 뿐만 아니라 정답을 맞힘으로써 성공 적으로 문제해결을 할 수 있었기 때문이다. 요약하면 창의성이란 '독 창적이면서도 유용한 산물을 생성해 내는 능력'이라고 할 수 있다.

창의성의 유형

역사적 창의성과 개인적 창의성

창의성은 '독창적이면서도 유용한 산물을 생성해 내는 능력'이라고 할 수 있는데, 독창성과 유용성이라는 두 차원 중 '독창성'이라는 것 에 대해 좀더 생각해 보자.

창의성은 세상의 문화를 바꾸는 역사적인 것인가, 아니면 보통 사람 들이 일상생활에서 보이는 문제해결에 관한 개인적인 것인가에 따라 두 가지 유형으로 구분될 수 있다. 앞의 것이 역사적 창의성이고 뒤의 것이 개인적 창의성이다. 심리학자 칙센트미하이(Csikszentmihalyi)는 역사적 창의성을 Creativity(대문자 C)로, 개인적 창의성을 creativity(소문자 c)로 구분하기도 했다. 사례를 보자.

▨ 역사적 창의성 — 노벨

1863년 10월 노벨(Alfred Nobel)은 니트로 글리세린과 검은 화약을 더한 새로운 화약으로 특허를 받았다. 이 화약은 채석장은 물론 광산과 건설 공사장에서 크게 인기를 끌어 노벨 일가의 사업을 번창시켜 주었다.

하지만 1864년 공장에서 폭발사고가 발생하여 동생 에밀을 비롯해 많은 인명을 앗아갔다. 이 엄청난 불행은 오히려 화약의 강력한 폭발력을 알려준 결과가 되어 곳곳에서 주문이 밀려들어오고, 밀리는 주문 때문에 직접 현지에 공장을 세우기에 이르렀다.

그러나 생산력이 늘어남에 따라 폭발사고도 더 빈번히 발생했다. 잦은 폭발사고에 화약 생산을 중단하라는 여론이 거세게 일었다. 결국 1866년 노벨은 화약 생산을 중단하고 말았다.

당시의 화약은 작은 충격에도 쉽게 폭발하는 액체였다. 다루기 쉬운 고체로 화약을 만들면 이 어려움은 해결될 것 같은데, 액체를 고체로 바꾸는 일이 쉽지 않았다.

그러던 어느 날, 그는 실수로 실험대 위에 물컵을 넘어뜨렸다. 그런데 이상하게도 실험대 위의 숯가루에 물이 스며들어 흘러내리지 않았다. 바로 그 순간 기발한 아이디어가 떠올랐다.

그날 이후 노벨은 숯가루나 톱밥, 벽돌가루 등 각종 가루와 액체화약을 버무려 고체를 만드는 실험을 반복했다. 되풀이되는 실험 끝에 그는 액체화약에 대한 흡수력이 높은 고체가루만 찾으면 강력한 화약을 만들 수 있다는 확신을 갖게 되었다.

그 무렵 노벨은 사고예방을 위해 독일 공장을 찾아가 화약창고를 점검하고 있었다. 공장에서 일어난 사고는 대부분 창고에서 발생했기 때문이다. 창고를 점검하던 그는 다급한 목소리로 외쳤다. "위험하다! 빨리 피해!"

그러나 다음 순간 노벨은 놀라운 현상을 목격했다. 새어나온 액체화약이 충격방지제인 규조토에 스며들어 단단해지고 있었다. 규조토야말로 바로 그가 찾고 있던 흡수력 좋은 고체가루였다.

노벨은 규조토를 이용하여 액체화약의 고체화 실험에 착수했다. 그의 확신은 적중했다. 규조토는 자신의 무게의 2배에 가까운 액체화약을 받아들였다. 노벨의 새로운 고체화약은 굴리거나 망치로 두들겨도 안전했다. 오직 한 가지 방법, 즉 뇌관을 이용했을 때에만 폭발했다. 이것을 그는 '다이너마이트'라고 불렀다. 이때가 1867년 가을이었다.

■ 개인적 창의성

한 트럭기사가 짐을 가득 실은 채 지하차도를 빠져나가려고 하다가 상단 부분이 1cm 가량 걸리는 바람에 빠져 나가지 못해 어쩔 줄 모르고 있었다. 교통은 혼잡해졌고, 경찰이 출동했다. 주위의 운전자들도 트럭기사를 돕기 위해 차에서 내리고 구경꾼이 몰려드는 등 소동이 일어났다. 이때 한 꼬마가 다가와 "바퀴의 바람을 조금만 빼면 되잖아요"라고 말해 주었다.

역사적 창의성은 이전에 존재하지 않았던 것을 처음으로 발명하거나 또는 생각해 내어 사회적으로 인정받는 창의성이다. 에디슨이 세계 최초로 전구를 발명한 것이나 라이트 형제가 비행기를 발명한 것, 벨의 전화기 발명 등을 이러한 것의 예로 들 수 있다.

우리가 보통 창의성이라고 할 때 역사적으로 중요하고도 새로운 위대한 발명을 떠올리는 것은 이러한 발명만이 창의적인 것이라고 생각하기 때문이다. 이 때문에 창의성은 역사적으로 위대한 몇몇 사람들의 전유물이라는 오해가 생겨난다.

하지만 개인적 창의성은 창의성을 좀더 넓게 정의하여 개인적인 경우에까지 확장한 것이다. 즉, 개인의 어떤 생각이나 아이디어가 문제 해결에 새로운 것이라면 기존에 이미 존재했는지에 관계없이 창의적인 것으로 보는 관점이다.

가우스의 사례에서 볼 수 있듯이 연속되는 자연수의 합을 구하는 공식은 이미 있으므로 역사적 창의성은 될 수 없다. 하지만 초등학교 시절의 가우스가 그러한 공식을 사용하지 않고 자기 나름의 독창적인 방법으로 답을 구하는 해법을 찾았으므로 가우스의 이 방법은 개인적 창의성에 해당될 수 있는 것이다.

언스워스의 4가지 유형의 창의성

한편, 영국 세필드대학의 박사과정 학생이던 언스워스(Unsworth)는 2001년 저명한 미국경영학회 저널 중의 하나인 *Academy of Management Review*에 "창의성의 꾸러미 풀기"(Unpacking Creativity)라는 논문을 게재했다. 이 논문에서 그녀는 그간의 모든 창의성 관련 연구들이 '창의성은 상황에 적절하고 유용한 새로운 아이디어의 생성'이라고 정의하고 있는데, 이러한 정의는 아이디어의 유형이나 생성 원인, 또는 아이디어 생성 과정의 첫 시발점 등에 대해서는 충분한 주의를 기울이지 않은 지나치게 단순화된 개념이라고 보았다. 따라서 그녀는 이러한 개념의 단순성으로 인해 창의성의 프로세스나 관련 요인들에 대한 세부적인 분석이 이루어지지 못했다고 지적했다.

그리하여 그녀는 '왜(why) 사람들이 창의적 활동에 몰입하게 되는가'라는 차원과 '문제의 최초 상태는 어떤(what) 형태였는가'라는 차원에 근거하여 4가지 유형의 창의성을 구분했다.

첫 번째 차원은 아이디어 생성의 촉발요인과 관련된 것이다. 인간의 행동은 스스로 선택하고 결정한 행동(개인 내부)과 외부의 요구에 대하여 반응하는 행동(외부 요구)으로 구분될 수 있다. 전자는 자기 스스로 선택하므로 자율적이고, 후자는 상황의 요구에 따르므로 타율적이다.

두 번째 차원은 문제(problem) 유형과 관련된 것이다. 문제는 두 가지 유형으로 구분할 수 있는데, 창의적 활동을 시작하기 전에 문제가 전혀 유형화되어 있지 않은 경우(개방적 문제)와, 문제가 어느 정도 유

형화되어 있는 경우(폐쇄적 문제)로 나눌 수 있다. 전자는 이전의 사람
들이 인식하지 못한 새로운 무엇인가를 발견, 발명, 또는 창작하는 경
우이고, 후자는 문제가 명확하게 주어져 있고 그 문제를 해결하는 새
로운 방법을 생각해 내는 경우이다.

그러면 다음 그림과 같은 4가지 유형의 창의성이 도출된다.

아이디어 생성의 촉발요인

		외부 요구	개인 내부
문제 유형	개방	기대된 창의성	능동적 창의성
	폐쇄	반응적 창의성	기여적 창의성

위 4가지 유형의 창의성에 대해 좀더 구체적으로 살펴보자.

기대된 창의성(expected creativity)은 문제가 명확하게 주어지지 않은
상황에서 외부의 요구에 응하여 창의성을 발휘한 경우이다. 이러한 창
의성의 예로는 기업의 품질관리(QC) 분임조나 전사적 품질관리(TQM)
활동에서 종업원들이 개선 제안을 기대하는 회사의 요구에 부응하여
새로운 아이디어를 제안하는 경우이다. 이 경우에는 어떤 개선 아이디
어가 제안될지는 알 수 없다는 면에서 개방적인 문제 유형이라고 볼
수 있다.

능동적 창의성(proactive creativity)의 경우 문제는 개방적이며, 창의적인 아이디어를 내도록 하는 요인은 개인 내부에 있다. 예를 들어, 종업원이 공정 프로세스를 개선할 수 있는 새로운 아이디어를 자발적으로 제안하는 경우, 또는 요구받지 않았지만 새로운 제품 아이디어를 상사에게 스스로 제안하는 경우이다. 3M의 프라이(Fry)가 포스트잇(Post-it)을 발명한 경우가 여기에 해당한다고 볼 수 있다.

반응적 창의성(responsive creativity)은 해결하기가 쉽지는 않지만 문제가 분명하게 정의되어 있고, 그 문제를 해결해야 하는 외부적 요구가 있는 경우에 발휘되는 창의성이다. 기업에서 특별한 문제를 해결하기 위해 테스크포스팀을 구성하여 문제를 창의적으로 해결하는 경우가 여기에 해당한다. 일반적으로 기업이나 조직에 고용된 전문가들(엔지니어, 과학자, 건축가 등)은 조직으로부터 이러한 반응적 창의성을 발휘하도록 요구받는다. 또한 가장 많은 연구가 이루어진 창의성 유형이 바로 이것이다. 예를 들어, 창의성 연구자들은 창의력 검사를 통해 피험자의 창의력 수준을 평가하는데, 이 창의력 검사에서 측정하는 것이 바로 반응적 창의성이다.

마지막으로 기여적 창의성(contributory creativity)은 분명하게 정의된 문제에 대해 자발적으로 아이디어를 제안하는 행위이다. 예를 들어, 익명으로 이루어지는 종업원 설문조사에서 특정 문제를 해결하기 위한 개방형 질문에 자신의 아이디어를 적극적으로 기입하는 경우이다. 자신이 직접 관여되어 있지 않은 문제를 해결하는 데 도움을 주기 위해 창의적 활동에 몰입하는 경우이다.

창의성의 역사성 ― 체계이론

한편, 창의적인 성과를 냈더라도 당대에 인정받지 못하고 후대에서 인정받는 경우도 있다. 대표적인 사례가 보티첼리(Botticelli)의 〈비너스의 탄생〉이다. 이 작품은 라파엘 양식의 관점에서 보면 상당히 파격적인 그림이었기에 당시 화단의 주류를 이루고 있던 평가자들에 의해 제대로 평가를 받지 못했다. 이 작품은 이후 라파엘 양식에 반기를 든 문예비평가 러스킨(Ruskin) 같은 사람들에 의해 재평가되기까지 500여 년을 기다려야 했다.

이 사례를 보면 과연 창의적이라는 것이 무엇인가에 대해 의문을 갖게 된다. 〈비너스의 탄생〉은 지금 상당히 높은 평가를 받고 있고, 보티첼리도 창의적인 인물로 인정을 받고 있지만, 그가 생존하는 동안에는 창의적인 화가로 인정을 받지 못했다. 따라서 과연 창의적이라는 것을 누가 판단하고 누가 결정하는 것인가에 대해 생각을 해보게 된다. 이러한 맥락에서 제시된 것이 체계이론이라는 것이다.

체계이론(system theory)은 심리학자 칙센트미하이가 제안한 것이다. 이 이론은 "창의성이라는 것이 무엇(what)인가?"라는 물음보다는 "창의성이라는 것이 어디에(where) 존재하는가?"라는 물음을 던지면서 시작한다. 특히 이 이론은 앞서 언급된 창의성의 두 가지 유형 중 '역사적 창의성'과 관련이 있다.

체계이론에서는 사람(person), 장(field), 그리고 분야(domain)라는 체계의 3요소를 제안한다. 이 세 요소의 상호작용과 시간의 흐름에 따른 진화적인 변화를 통해 창의성에 대한 정의가 이루어진다는 것이다.

과정을 간단히 살펴보면, 먼저 어떤 독창적인 사람(person)이 어떤 영역에서 새로운 아이디어로서 기존의 방식과는 다르게 접근할 때 그 것을 장(field)에서 평가한다. 장은 새로운 아이디어나 접근에 대한 평가자들이다. 장의 평가에 의해서 새로운 접근을 수용할지 아니면 거부할지가 결정된다. 만약 수용되면, 새로운 접근 방식은 그 영역의 분야(domain)에 포함되는데, 분야는 특정 영역(예: 미술, 과학, 음악 등)에서의 규정, 규칙, 접근법, 패러다임 같은 것들을 의미한다. 그리고 분야의 내용은 해당 영역의 신참자들에게 지식이나 규칙, 접근법 등으로 전수되고 전달된다. 시간이 흐른 뒤 또 어떤 사람이 새로운 접근법을 취했을 때, 장이 평가를 하고, 분야에 포함될지가 결정된다. 이러한 과

〈비너스의 탄생〉 산드로 보티첼리, 1485년경

정이 순환적이며 진화적으로 계속되는 것이다.

그러면 〈비너스의 탄생〉의 경우를 보자. 먼저 보티첼리(person)가 새로운 화풍의 그림을 그렸을 때 이것은 '새로운 아이디어의 생성'이라고 볼 수 있다. 그것이 장(field)으로 가는데, 장은 보티첼리가 생존했던 당시 미술계를 지배하던 비평가 집단이다. 그들은 보티첼리의 그림을 평가한다. 장에 있던 사람들은 라파엘 양식에 물든 사람들이었기에 보티첼리의 그림은 엉터리로 보였을 것이다. 그래서 수용되지 않는다.

그러다가 사람(person)들, 즉 많은 화가들 중에서 독창적인 화가가 또다시 새로운 화풍의 그림을 그렸을 때 그것을 장(field)이 창의적인 접근법이라고 인정해 준다면 새로운 방식이 분야(domain)에 포함되어 새로운 화풍이 탄생되고, 그것이 또 신참 미술학도들(미래의 person)에게 하나의 규칙으로 전수된다.

그래서 이런 진화적이고 순환적인 과정을 통해서 어떤 새로운 접근법이나 아이디어가 창의적인 것이라고 판정될 수도 있고 그렇지 않을 수도 있다. 그 때문에 어떤 경우에는 보티첼리처럼 수백 년이 지난 다음에 인정받을 수도 있는 것이다. 즉, 장이 바뀜으로써 새로운 접근법에 대한 재평가가 이루어져, 예전에는 창의적인 것으로 인정받지 못했던 것이 새롭게 창의적인 것으로 평가받을 수 있게 되는 것이다.

여기서 창의적이라는 것의 판단기준이 무엇인가에 대한 대답은 절대적인 기준이 없다는 것이다. 예술 영역뿐만 아니라 과학 영역에서도 창의성이라는 것이 체계이론적 관점으로, 즉 진화론적 관점으로 설명이 된다. 예를 들어, 코페르니쿠스의 지동설이나 다윈의 진화론, 멘델

멘델(Gregor Mendel, 1822~1884)은 유전론을 밝힌 오스트리아 출신의 식물학자 겸 성직자로서, 1856년부터 수도원에서 완두콩을 심으며 실험을 한 끝에 멘델법칙을 발견했다. 1865년 〈식물의 잡종에 관한 실험〉이라는 논문을 발표했으나, 이해하는 사람이 없어 당시에는 빛을 보지 못했다. 당시의 사람들은 생물의 특성이 마치 액체로 된 물감을 뒤섞는 것처럼 섞여서 자손에게 전달된다고 생각하거나 피가 유전물질이라고 생각하기도 했다. 그리고 흰색 종과 검은 색 종을 교잡하면 회색 종이 나온다고 생각했대(실제로는 흰 종, 검은 종, 점박이 종이 나온다).

결국 죽은 지 16년이 지난 1900년 코렌스, 드 브리스, 체르마크 등 세 명의 과학자에 의해 멘델법칙은 재발견되었다. 생물학 역사상 가장 훌륭한 업적의 하나로 인정받는 멘델법칙은 35년간 도서관에서 잠자고 있었던 것이다.

의 멘델법칙처럼 어떤 발견이 동시대에는 전혀 인정을 받지 못했지만 이후에 대단한 발견으로 인정받는 경우가 많다.

창의성에 대한 다양한 견해들

다음의 그림들은 창의성이 무엇인가에 관하여 짧게 표현한 그림들이다. 이 그림들은 앞서 소개한 토렌스 교수가 자신의 학생들에게 창의성에 대해 나름대로 그림을 통해 정의를 내려보라는 과제를 주었을 때 학생들이 제출한 내용들이다.

이 그림들 중에는 그 의미가 쉽게 짐작이 가는 것도 있지만 일부는 깊이 생각해 보게 만드는 그림도 있다. 그림들 중에 금방 이해가 가지 않는 것(예: 모래성을 쌓는 것)이 있다면 왜 그런지 한 번 곰곰이 생각해 보기 바란다.

창의성이란…

알기를 원하는 것

안으로 파고드는 것

내일과 악수하는 것

냄새를 맡으려고 귀를 기울이는 것

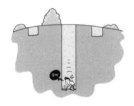

여러 곳을 거쳐 어느 하나를
더 깊게 파는 것

모래성을 쌓는 것

밖으로 벗어나는 것

창의성에 대한 오해

창의적인 사고는
무의식적인 것이 아니며
콤플렉스 때문도 아니다.
합리적 사고의 결과이다

아래에 창의성에 대한 6개의 문장이 제시되어 있다. 각 문장에 대해서 자신의 평소의 생각에 근거해서 답을 해보자.

1. 지능이 높을수록 창의성도 높다.
2. 창의성은 주로 예술이나 과학과 같은 특별한 분야에서만 요구되는 것이다.
3. 창의성은 정신이상과 관련이 있다.
4. 창의적 사고는 대개 무의식적으로 이루어진다.
5. 기업에서 직원들의 창의성을 높이기 위해 금전적인 보상을 제공하는 것은 효과적이다.
6. 나는 창의적인 사람이 아니다.

자! 이제 답을 했으면 '예'와 '아니오'의 개수를 세어보자. '예'의 개수가 많은가, '아니오'의 개수가 많은가? 하지만 정답은 모두 '아니오'이다.

마음껏 생각하고 말하는 것이 창의성이라든가, 정신이상과 관련되거나 또는 정신분석학자의 주장처럼 환상적이고 무의식적인 사고과정이 창의성이라는 것들은 모두가 창의성과 관련하여 잘못 생각하는 오해들이다.

결론부터 말하면 창의성은 의식적인 사고를 통해 나타난다. 그러므로 마음대로 생각한다고 하여 모두가 창의적인 것은 아니다. 또한 창의성은 모든 사람이 가지고 있는 인간 고유의 능력임에도 불구하고 창의적인 사람들을 말할 때 주로 큰 업적을 남긴 위인들을 떠올리게 되는데, 이런 것들도 일반인은 창의성과 거리가 멀다는 그릇된 환상을 심어준다.

이 장에서는 창의성과 관련된 오해에 대해 살펴보자.

오해 1 — 창의성은 무의식적으로 이루어진다

창의성과 관련된 첫 번째 잘못된 생각은 "창의적인 사고는 대개 무의식적으로 이루어진다"라는 것이다. 즉, 어떤 창의적인 아이디어나 통찰이 의식적인 사고의 과정이 아니라 자기 자신도 알 수 없는 무의식적인 근원에서 출현한다는 생각이다.

오랫동안 이러한 생각은 창의성 연구가들에게 큰 영향을 미쳤다. 그래서 창의성 연구의 초창기에는 실제로 창의적인 아이디어나 통찰의 근원을 무의식에서 찾을 수 있다고 했다.

그러나 오늘날에는 창의적인 사고는 일반적인 인간의 사고과정과 질적으로 다르지 않으며, 일상적이고 합리적이며 의식적인 사고과정을 통하여 창의적인 아이디어나 통찰이 산출될 수 있다고 본다.

과거의 창의성 연구자들이 창의적인 아이디어나 통찰이 무의식에서 나왔다고 생각한 이유 중의 하나는 그들이 창의적 인물들의 자서전이나 전기를 분석했기 때문이다. 그러한 자서전이나 전기에는 창의적 인물이 자신의 발명이나 발견, 또는 자신의 작품과 연관된 새로운 아이디어나 통찰이 떠오르게 된 과정을 적어놓은 것들이 많다.

그 내용을 읽어보면 그들의 창의적이고 번쩍이는 아이디어가 자기도 알 수 없는 무의식적인 장소에서(가령 꿈에서) 나온 것처럼 기술되어 있는 것이 많다. 가령 다음의 사례와 같은 것들이다.

이순신 장군이 왜군을 격퇴시킬 방법을 고심하다가 잠이 들었는데, 그때 다음과 같은 꿈을 꾼 후 거북선을 만들게 되었다고 한다.

"나는 병사들에게 먹일 식량을 찾아 바다로 나갔다. 꽤 먼 곳까지 노를 저어 갔지만, 아무것도 찾을 수가 없었다. 그런데 갑자기 거대한 거북이 바다에서 솟아올랐다. 나는 거북을 잡기 위해 화살과 무기를 총동원했다. 그러나 노력도 헛되이 도무지 내 손으로는 거북을 잡을 수가 없었다. 게다가 그 거북의 입에서는 불이 뿜어져 나왔다. 참으로 무시무시한 광경이었다." - 배럿, 〈꿈은 알고 있다〉에서

케쿨레(Kekule, 1829~96)는 독일 화학자이다. 그는 여러 유기물들을 탄소(C) 원자와 수소(H) 원자 등의 사슬 결합구조로 설명하는 이론체계를 세워 나갔는데, 유독 벤젠의 구조는 그러한 결합으로는 풀리지 않았다.

그러던 어느 날 그가 잠깐 잠이 들어 꿈을 꾸게 되었는데, 꿈속에서 뱀이 자기의 꼬리를 물고 있는 형상을 보게 되었다. 그 꿈을 꾸고 난 후 그는 벤젠의 구조가 뱀이 꼬리를 물고 있는 형태의 육각형 구조라는 힌트를 얻게 됨으로써 벤젠의 구조를 밝혀낼 수 있었다.

미국의 재봉틀 발명가인 하우(Elias Howe)는 아내의 바느질 일로 생계를 꾸려나갔다. 직업이 없어 가난했던 하우는 밤늦게까지 바느질 일로 시달리는 아내를 위하여 틈만 나면 재봉 기계에 관한 연구에 몰두했으나 그 발명이 쉽지 않았다.

그러던 어느 날, 하우는 이상한 꿈을 꾸었다. 꿈 속에서 어떻게 된 영문인지 그는 토인 추장 앞에 끌려나가, 1시간 안에 재봉 기계를 만들지 못하면 사형에 처한다는 엄명을 받았다. 그러나 아무리 궁리해도 그 기계 발명이 쉽지 않아 그는 마침내 사형장으로 끌려나갔다. 토인이 창을 겨누며 다가왔다. 햇빛에 창 끝이 반짝이는 순간, 하우는 창 끝 조금 넓적한 부분에 구멍이 뚫려 있음을 보았다. 순간, 그는 '바로 이거다!' 하고 외쳤고, 번쩍 정신을 차려 잠에서 깨어났다. 바늘은 뒤쪽에 실을 꿰는 구멍이 있었으나 토인의 그 창에는 앞쪽에 구멍이 있었던 것이다.

그리하여 하우는 앞쪽 바늘 구멍에 실을 꿰어 윗실과 밑실로 겹바느질을 할 수 있는 2중 재봉법의 묘안을 드디어 발명하게 되었다.

위의 케쿨레와 하우의 사례는 꿈을 통해 위대한 발견을 해낸 대표적인 사례로 자주 언급되고 있다. 이런 사례를 보면, 번쩍이는 아이디어나 통찰이 꿈에서와 같은 무의식의 세계에서 나오는 것처럼 생각하게 된다.

실제적으로 이와 유사한 사례는 많다. 시인이나 음악가 또는 화가들은 자신의 작품을 완성한 것에 대해 "It comes to me"와 같은 표현을 많이 사용한다. 이것은 자신도 알지 못하는 어떤 장소에서 무엇인가가 자기에게 다가왔다(떠올랐다)는 뜻이다. 자신이 스스로 무엇을 생각해 낸 것이 아니라 자기도 모르는 사이에 어떤 생각이 갑자기 자신에게 떠올랐다는 얘기이다. 그래서 그런 아이디어나 통찰의 근원은 잘 알 수 없다는 것이다.

　1971년 노벨문학상을 받은 칠레의 시인 파블로 네루다(Pablo Neruda, 1904~73)의 작품 〈시(詩)〉는 다음과 같이 시작한다.

> 그러니까 그 나이였어⋯⋯시가
> 나를 찾아왔어, 몰라, 그게 어디서 왔는지
> 모르겠어, 겨울에서인지 강에서인지
> 언제 어떻게 왔는지 모르겠어 (하략)
> And it was at that age.... Poetry arrived
> in search of me. I don't know, I don't know where
> it came from, from winter or a river.
> I don't know how or when, ...

　"시가 나를 찾아왔어"라는 표현을 보면 자신은 그렇게 하지도 않았는데 갑자기 뭔가가 떠올랐다는 얘기이다. 이런 표현들 때문에 "창의적인 아이디어나 통찰이 자신도 모르는 어떤 무의식의 세계에서 나오는 것이 아닌가" 하는 생각을 가질 수 있다.

　독일 태생의 미국 초현실주의 화가인 에른스트(Ernst, 1891~1976)도 다음과 같은 말을 했다.

"어떤 때는 내 자신이 그림을 그리는 것이 아니라 누군가가 그림을 그리는 것을 내가 보고 있는 것처럼 느껴진다."

실제로는 자신이 그림을 그리지만 자신이 그림을 그리는 것 같지는 않고 누군가 자신의 손을 빌려서 그림을 그리고 있고, 자신은 그 그림을 그냥 보고 있는 사람처럼 느껴질 때가 있다는 얘기이다. 이런 표현도 앞의 예와 똑같은 의미를 담고 있다. 즉, 자신이 의식적으로 그림을 그리는 것이 아니라 자기도 모르는 또 다른 어떤 힘에 의해서 자기가 그림을 그린다는 것이다. 이러한 사례 또한 창의적인 산물의 생산 과정이 자기도 모르는 무의식적인 힘에 의해서 이루어진다는 듯한 인상을 준다.

작곡가 바그너(Wagner) 역시 한 작품을 작곡할 때 다음과 같은 경험을 한 적이 있다.

"나는 약간 졸린 상태에 있었는데 갑자기 내가 거침없이 흐르는 물속에 빠진 것 같은 느낌이 들었다. 흐르는 물소리는 마치 내 머릿속에서 E플랫 장조의 화음으로 들렸고 간간히 계속해서 머릿속에 울려 퍼졌다. 나는 놀라서 잠에서 벌떡 일어났고 오랫동안 내 머릿속에 잠재되어 있던 서곡을 적기 시작했다."

이 표현에 의하면 꿈속에서의 물소리가 아름다운 리듬으로 들렸는데, 그 리듬이 오래 전부터 자신의 머릿속에 맴돌던 바로 그 교향곡의 선율인 것처럼 느껴졌다는 얘기이다. 그래서 그는 바로 집으로 달려가 그 화음을 적어나가면서 작곡을 완성했다는 일화이다. 바그너의 경우에서도 자기의 작품의 근원이 꿈속에서의 경험, 즉 자기의 의식적인 노력이 아닌 무의식의 세계에서 나왔다는 인상을 심어준다.

오해의 근원

이러한 다양한 사례들로 인해 초기의 창의성 연구자들은 창의적인 아이디어의 근원이 무의식에 있다고 생각했다. 이러한 생각을 바탕으로 1920년대에 월러스(Wallace)는 준비기, 부화기, 조명기, 검증기라는 창의적 사고의 4단계를 제안했다.

준비기는 어떤 문제를 해결하기 위해서 여러 자료를 수집하고 다양한 시도를 해보는 단계이다.

일반적인 방법으로 계속 문제를 다루다가 도저히 해결안이 나오지 않으면 사람들은 일단 그 문제를 접어두고 다른 일을 하거나 휴식을 취한다. 이 시기가 두 번째 단계인 부화기이다.

그런 다음, 부화기 동안에 갑자기 번쩍이듯이 그 문제에 대한 창의적인 아이디어나 해결방안이 머리에 떠오르는 경우가 있다. 이 단계가 세 번째 단계인 조명기이다.

그리고 새로운 그 아이디어를 문제에 적용해서 해결하려고 시도하는 단계가 마지막 단계인 검증기이다.

여기에서 관심있게 보아야 할 단계는 부화기이다. 연필을 발명한 콩테의 사례를 보자.

프랑스의 화가이자 화학자인 니콜라스 자크 콩테(Nicolas Jacques Conte, 1765~1805)는 흑연과 진흙을 혼합하여 삼목으로 껍질을 씌운 연필을 발명했는데 이것이 현대 연필의 시초이다. 콩테는 그림을 그리다가 자꾸 부서지는 숯덩이를 '좀더 좋은 것으로 바꿀 수 없을까?' 라는 생각을 하다가 독일의 한 논문에서 흑연을 필기구로 사용했다는 대목을 읽었다.

"흑연을 이용한 필기구라⋯. 그것 정말 괜찮군. 미술도구로서뿐만 아니라 새로운 필기도구로 쓸 수도 있겠어."

그 후 그는 곧바로 실험에 착수했다. 콩테는 우선 심을 만드는 일을 시작했다. 그러나 작업은 계속 실패했다. 흑연을 여러 날 햇볕에 말려도 계속 부서지는 것이었다. 그림을 그리거나 작업을 하기에는 너무나 부적합했고, 제일 중요한 문제는 흑연에 일정한 강도를 주는 일이었는데 매일 새로운 방법을 시도했지만 결과는 항상 실패였다. 그는 더 이상 연구할 의욕을 잃고 난감해했다.

어느 날 콩테는 저녁을 먹다가 무심코 접시를 만지고는 갑자기 자리에서 벌떡 일어섰다. 접시를 만지는 순간 문제의 해답이 떠올랐기 때문이었다.

'만약 접시처럼 불에 구우면 흑연이 딱딱해질까?'

콩테는 생각했다.

'흑연과 진흙을 섞어 반죽해 굽는다면….'

콩테는 바로 작업에 들어갔다. 콩테의 추측대로 실험은 대성공이었다. 그는 가마에서 검게 빛나는 단단한 흑연 막대기를 집어냈다. 이것을 미리 준비한 나무막대의 홈 속에 차근차근 끼워 넣고 적당한 크기로 잘라냈다. 연필이 탄생하는 순간이었다. 그 때가 1795년이었다.

- http://www.shihwa.net/pandora

부화기는 창의적인 아이디어나 통찰의 근원이 무의식에 있음을 가정한 단계이다. 즉, 문제를 해결하다가 막히면 그 문제를 접어두고 다른 일을 하거나 휴식을 취하는데, 그 기간 동안 의식적으로는 그 문제를 다루지 않지만 자신의 무의식에서는 그 문제를 계속 다룬다는 얘기이다. 그리하여 무의식에서 새로운 아이디어가 의식 속에 갑자기 떠오르게 되는 단계가 조명기이다. 위 사례에서 "어느 날 콩테는 저녁을 먹다가 무심코 접시를 만지고는 갑자기 자리에서 벌떡 일어섰다. 접시를 만지는 순간 문제의 해답이 떠올랐기 때문이었다."는 표현이 이에 해당한다.

수학자 푸앙카레(Henri Poincaré) 역시 머리를 식히기 위해 소풍을 가마차에서 첫 발을 내딛는 순간 오랫동안 고민하던 수학 문제를 푸는 방법이 떠올랐다는 일화도 있다. 푸앙카레는 무의식이 지배하는 '부화기' 동안에 아이디어의 다양한 결합들이 우리가 알 수 없는 무의식 속에서 형성되며, 이것이 어느 순간에 "아하!"라는 감탄사를 동반한 '직관'의 형태로 밖으로 표출된다고 했다.

다른 일을 하거나 휴식을 취하는 동안 갑자기 문제에 대한 창의적인 아이디어가 떠오르는 것은 무의식에 잠재해 있다가 의식으로 솟아오른 것이라고 보일 수 있다. 이러한 설명에 근거하여 월러스는 창의적 사고에서는 부화기가 상당히 중요하다고 하면서 창의적인 아이디어가 요구되는 경우에는 반드시 부화기를 가지라고 제안한다.

부화기 동안 일어나는 작용에 대해서는 1950년대에 정신분석학자 크리스(Kris)가 잘 설명하고 있다. 부화기는 무의식의 세계를 가정한다는 점에서 정신분석이론과 유사하다.

크리스는, 사람이 어떤 문제를 해결하기 위해 노력하다가 도저히 해결방안을 생각해 내지 못할 때 부화기를 가짐으로써 새로운 아이디어를 얻을 수 있다고 한다. 크리스에 따르면 무의식 세계에서의 사고는 일차 과정적 사고이다. 프로이트(Freud)는 인간의 사고를 일차 과정적 사고(primary process thinking)와 이차 과정적 사고(secondary process thinking)로 구분하는데, 일차 과정적 사고는 어린 아이들의 사고라고 볼 수 있고, 이차 과정적 사고는 성인들의 사고라고 볼 수 있다.

성인들의 사고는 상당히 합리적이고 논리정연하며 법칙적이고 질서가 있다. 그러나 어린 아이들의 사고는 무질서하며 자유분방하고 제약이 없다. 무한한 상상력이 가능한 세계이다. 그래서 어른이 보기에는 도저히 말도 안 되는 생각도 어린 아이들의 세계에서는 가능하다.

무의식 세계 역시 일차 과정적 사고가 지배하는 세계이다. 그래서 문제를 해결하려고 노력하는 데 있어 성인들의 이차 과정적 사고로는 도저히 해결을 못하다가, 그 문제에서 벗어나 휴식을 취하거나 다른 문제를 다룰 때에는 무의식 세계에서 그 문제를 다루게 되는데, 이 때에는 다른 방식으로, 즉 일차 과정적 사고로 접근한다는 것이다. 그래서 어른들의 논리적이고 합리적인 사고로는 도저히 생각해 낼 수 없는 것을 생각해 낸다는 것이다.

무의식 세계는 다양하고 새로운 조합과 연합이 무한한 가능성의 세계이다. 무한한 가능성으로 사고를 하기 때문에 이전에는 전혀 생각도 못했던 새로운 결합이나 접근이 나타나 "아하!" 하고 손바닥을 치면서 통찰을 얻을 수 있다는 것이다. 논리적인 성인의 사고로는 도저히 생각이 나지 않는데, 어린 아이의 사고로 들어가면 새로운 아이디어가 번쩍 떠오르기도 한다는 것이다. 그래서 창의적인 아이디어의 근원은 무의식에 있다고 하는 것이다.

사실 케쿨레나 바그너 같은 유명한 사람들의 사례에서뿐만 아니라 우리도 일상생활에서 갑자기 번쩍이는 아이디어가 떠오르는 경험을 가끔 한다. 이런 경우 부화기라든가 통찰의 근원이 무의식에 있다는 생각이 어느 정도 설득력이 있어 보인다.

그러나 부화기라는 것 또는 무의식 세계가 창의적인 아이디어의 진정한 근원이라는 주장은 정교한 실험실 연구에서는 증명이 어렵다. 또한 초기의 창의성 연구자들도 창의적인 아이디어의 근원이 무의식에 있는지를 밝히기 위해 무척 노력했지만 별로 큰 성과가 없었다.

그래서 창의적인 아이디어의 근원이 무의식에 있다는 생각은 이후에 상당한 도전을 받았다. 따라서 이후의 연구자들은 정신분석학적 관

잠의 기능

아직까지도 왜 잠을 자야 하는지에 대한 이유는 확실치가 않다. 지금까지 밝혀진 한 가지 이유는 피로회복 때문이라는 것이다. 수면이 피로회복에는 최상의 방법이긴 하지만, 생리학적으로 보면 잠자는 것이 깬 채로 휴식을 취하는 것보다 나을 것은 없다. 왜 냐하면 수면중에도 뇌는 쉬지 않는다. 또 수면중의 어떤 때에는 깨어 있을 때보다 뇌가 더 활발히 움직이기 때문이다. 게다가 많은 운동을 해서 피곤한 사람은 그렇지 않은 사람보다 잠을 더 많이 자야 하는데, 실제로는 그렇지가 않다.

또 다른 이유로는, 먹이를 구하기 어려운 기간 동안 에너지를 절약하기 위해 수면이 나타나게 되었다는 설명과 낮동안 일어난 일들을 기억하기 위해 수면중에 분류하여 정리한다는 설명도 있다(그래서 밤샘공부가 높은 성적을 보장해 주지 않는다).

어쨌든 과학자들의 연구에 따르면 잠을 자는 것이 실제로 문제해결에 도움을 준다고 한다. 독일 뤼베크대 신경내분비학과의 얀 본 박사 연구팀은 간단한 수학 퍼즐을 통해 잠을 자는 것이 문제해결에 어떤 도움을 주는지를 알아냈다. 실험 결과 문제풀이를 여러 번 한 다음 8시간 동안 수면을 취한 그룹이 깨어 있었던 그룹에 비해 다음 문제 풀이에서 두 배 정도 우수한 능력을 보였다.

잠이 문제해결을 도와준다는 사실은 다른 연구에서도 확인됐다. 미국 시카고대 심리학과의 대니얼 마고리아시 교수 연구팀은 알아듣기 힘든 외국어를 공부한 뒤 잠을 자고 온 그룹이 깨어 있었던 그룹보다 새로운 단어를 훨씬 쉽게 이해한다는 실험 결과를 발표한 바 있다.

과학의 역사를 살펴보면 꿈을 꾸다가 문제를 해결한 경우가 종종 있다. 원소 주기율표를 만든 러시아의 드미트리 멘델레예프는 꿈속에서 원소들이 공중에서 떨어지면서 자기 자리를 잡아가는 것을 보았다고 한다. 또 본문 사례에서처럼 프리드리히 케쿨레는 뱀들이 서로 꼬리를 물고 있는 꿈을 꾸고 벤젠의 고리모양 분자구조를 생각해 냈다고 한다. 이들처럼 본 박사의 실험에서 잠을 잔 사람들은 문제해결에 대한 '통찰력'을 얻은 것이다.

일반적으로 잠을 자는 동안 기억들이 정돈되는 과정이 일어난다. 낮에 본 사람이나 사건, 대화에 대한 기억들은 일단 대뇌의 해마에 저장됐다가 대뇌피질로 옮겨가 영구기억이 된다. 그러므로 꿈속에서 무의식으로 문제의 해답을 얻었다는 여러 믿음은 "잠을 자는 동안 문제풀이에 대한 기억들이 정돈되면서 숨겨진 해법을 찾게 된 경우"라고 보는 것이 보다 타당하다.

점에서 탈피하고자 했다. 창의적 아이디어의 근원을 다른 시각으로 보기 시작한 것이다.

창의성은 의식적이고 합리적인 사고과정의 결과

토머스 에디슨은 무려 2천 번의 실험 끝에 전구를 발명하는 데 성공했다. 기자가 그토록 많은 실패를 경험했을 때 무엇을 느꼈느냐고 물었을 때 에디슨은 말했다.

"실패라뇨? 단 한 번도 전 실패한 적이 없습니다. 단지 2천 번의 단계를 거쳐 전구를 발명했을 뿐입니다."

에디슨은 실패를 실패라고 보지 않고 성공에 이르는 데 필요한 단계들을 거친 것이라고 보았다.

1960년대 이후 정신분석이론과는 다른 시각을 갖는 학자들은 창의성의 근원이 무의식에 있다는 주장에 반대되는 증거들을 제시하기 시작했다. 그들은 창의적 아이디어의 본질이 무의식에 있는 것이 아니라 일상적인 우리의 사고양식과 유사하게 의식적이고 합리적인 사고의 결과라는 결론을 내렸다. 창의적인 아이디어의 근원이 무의식에 있다는 매우 신비로운 견해에서 벗어나 우리의 일상적인 사고과정에서 그 근원을 찾은 것이다.

이러한 주장을 한 학자들로는 와이스버그(Weisberg), 아른하임(Arnheim), 그루버(Gruber), 홈즈(Holmes) 등이 있다. 이들은 창의적인 사고는 무의식적인 과정이 아니라 의식적이고 합리적인 과정이라면서, 영감이나 통찰을 얻는다는 것은 논리적 사고의 산물이라고 보았다.

와이스버그는 에디슨의 발명품, 피카소의 그림(아비뇽의 처녀들, 게르니카), 그리고 왓슨과 크릭의 DNA 구조 발견 등 여러 분야에서의 창의적인 업적의 근원을 추적했다. 그는 그것들 모두가 신비롭고 관찰 가능하지 않은 무의식적 과정을 통해서가 아니라, 이전에 획득된 지식을 의도적으로 응용함으로써 가능했음을 보여주었다.

형태심리학자인 아른하임은 20세기를 대표하는 스페인 출신의 천재 화가인 피카소의 작품 〈게르니카(Guernica)〉를 분석하여 보다 강력한 증거를 보여 주었다.

아래의 그림이 피카소의 대표작 중의 하나인 〈게르니카〉이다. 아른 하임은 이 작품의 분석을 위해 피카소가 초기의 구상부터 최종 그림이 완성되기까지의 시기 동안 스케치한 종이들을 전부 모았다. 그리하여 그 종이들을 시간대별로 분석했다(피카소는 〈게르니카〉를 준비하면서 50점에 가까운 스케치를 했는데, 대부분 날짜를 적어두었다고 한다).

그가 이러한 방식으로 분석을 한 것은 다음과 같은 이유 때문이다. 〈게르니카〉가 매우 독창적인 그림이기에, 만약 창의성의 근원이 무의식의 세계에 있다면, 그리고 그것이 무의식에서 갑자기 영감이나 통찰로 갑자기 튀어나온 것이라면 〈게르니카〉를 완성해 나가는 전 단계들을 잘 살펴보면 그런 통찰이나 영감의 흔적, 즉 그림의 형태가 갑자기

〈게르니카〉 1937
20세기 초 스페인의 역사에는 '스페인 내전'이라는 전쟁이 있었다. 이 스페인 내전은 피카소뿐만 아니라 소설가들이나 기타 많은 예술가들의 소재나 배경이 되었는데, 그 이유는 이 전쟁이 매우 끔찍하고 잔인했기 때문이다.
당시 스페인의 한 마을인 게르니카를 독일이 무자비하게 폭격하여 마을 사람들이 처참하게 죽었다. 이 소식을 들은 피카소는 격분해서 이 전쟁의 참상을 알리고, 히틀러의 무자비함을 고발해야 되겠다는 생각으로 그림을 완성한 것이 바로 〈게르니카〉이다.

변화하는 흔적이 있을 것이라고 생각한 것이다.

그런데 아른하임은 피카소가 스케치했던 그 종이들을 아무리 분석해 봐도 어떤 통찰이나 영감의 흔적을 찾지 못했다. 단지 완성된 그림의 형태가 되기까지 조금씩 개선되거나 변화한 흔적은 있었지만, 갑작스럽게 어떤 그림의 형상이나 형태가 결정된 통찰의 흔적은 없었다. 오히려 피카소가 자신의 비전, 신념, 생각을 그림에 구현하기 위해서 상당히 의식적인 노력을 기울인 흔적들만 발견될 뿐이었다.

그래서 아른하임은 적어도 예술가들의 창작 활동은 무의식적인 통찰이나 영감에 의해서 결정되는 것이 아니라는 결론을 내렸다. 오히려 화가나 예술가가 자신의 생각, 신념, 비전을 나타내기 위해서는 매우 의식적이고 목표지향적으로 활동한다는 결론에 도달했다. 그래서 창의성의 근원이 부화기와 같은 무의식의 세계에 있다는 주장은 사실이 아니라는 결론에 도달했다.

이런 주장은 아른하임만 한 것이 아니었다. 심리학자 그루버(Gruber)도 다윈(Darwin)을 분석하는 과정에서 유사한 결론에 도달했다. 다윈은 비글호를 타고 세계 각지를 여행하고 돌아온 뒤에 자신이 남미 갈라파고스 섬에서 관찰한 동물들이 진화론으로 설명될 수 있음을 맬서스(Malthus)의 〈인구론〉을 읽다가 갑자기 깨달았다고 회고한 바 있다. 그루버는 진화론을 주장한 다윈의 전기나 자서전, 그리고 그가 직접 기록한 노트 등을 분석하면서 다윈이 진화론이라는 독창적인 이론을 제안하게 되는 과정을 추적했다.

그 결과 그루버는 다윈이 갑자기 영감이 떠올라서 진화론을 내세운 것이 아니라, 매우 체계적이고 의식적인 사고의 결과로 나타난 것이라고 보았다. 다윈이 어릴 적부터 특정한 문제에 대한 의문을 계속 가지면서 그 문제에 대한 해답을 찾으려고 오랫동안 의식적으로 노력한 결과, 최종적으로 도달한 것이 진화론이라는 것이다. 그래서 무의식적 작용의 흔적은 없다고 말했다.

그루버는 또 심리학에서의 실험을 기반으로, 사람이 생각하는 데 실제로 시간이 걸림을 보이면서, 섬광과 같은 영감이 과학적으로도 가능하지 않은 것임을 설득력 있게 보여주고 있다. 아무리 간단한 생각이라 하더라도 적어도 몇 초의 시간을 필요로 한다는 것이다.

꿈을 꾸다가 영감을 받았다는 일화 중에서 가장 유명한 것이 앞에서 사례로 든 독일의 화학자 케쿨레가 뱀이 꼬리를 물고 뱅글뱅글 도는 꿈을 꾸고 난 후 벤젠의 구조를 알아냈다는 것이다. 하지만 여기에는 또 다른 내막이 있다.

케쿨레가 벤젠의 구조에 대한 논문을 출판한 것이 1865년이었는데, 꿈 얘기를 처음으로 한 것은 이로부터 25년이 지난 1890년이었다. 25년 동안 아무런 얘기도 없다가 갑자기 벤젠 구조 발견을 축하하는 대중 강연에서 꿈 얘기를 한 이유는 다른 데에 있었다. 케쿨레는 1860년대부터 1890년에 이르기까지 벤젠의 구조 발견과 관련된 우선권 논쟁에 계속 휘말려 있었는데, 1865년에 꿈을 꾸고 영감을 얻어 논문을 썼다는 회고를 함으로써 우선권 논쟁을 종식시킬 수 있었던 것이다.

또한 19세기 프랑스 생리학자 베르나르(Claude Bernard)와 노벨상을 수상한 크렙스(Hans Krebs)의 업적을 분석한 과학사학자 홈즈(Frederic

Holmes)도 과학적 발견의 과정이 무척 복잡하고 지속적으로 진화하는 장기적 과정이며, 일상적 과학활동과 분리되어 어느 순간 "아하!" 하고 깨닫는 순간적인 계몽이 아님을 주장하고 있다. 뉴턴이 중력을 발견한 것도 사과가 떨어지는 것을 보고 영감을 받은 것이 아니라 1660년대 중반, 1679~80년, 그리고 1684년 여름부터 30개월간의 지속적이고 집중적인 연구 과정의 산물이라는 것이다.

지금까지의 논의로 통해서 볼 때, 창의적인 아이디어 또는 통찰은 무의식적 과정의 산물이라기보다는 의식적이고 합리적인 사고과정의 결과라고 결론내릴 수 있다.

오해 2 ― 창의성은 오이디푸스 콤플렉스의 결과다

프로이트의 성격이론

정신분석학자인 프로이트는 당시 유럽에 만연된 신경증 환자들, 특히 여성에게 많이 나타나는 히스테리 환자들을 대상으로 치료한 임상 경험을 토대로 인간의 성격구조에 대한 포괄적인 이론을 정립했다.

프로이트의 성격이론에 의하면, 인간의 성격은 세 가지 요소로 구성되어 있다. 그것은 원초아, 자아, 초자아이다. 프로이트는 인간의 행동은 이 세 가지 성격요소들 간의 갈등의 산물이라고 보았다.

원초아(id)는 인간의 무의식적이며 본능적인 충동을 나타낸다. 그리고 이것은 대부분 성적인 충동이다. 프로이트는 원초아의 이런 성적인 충동은 아주 어린 아이, 즉 유아에게서도 나타난다고 보았다. 당시 유럽의 정신의학회에서 프로이트가 이런 견해를 발표하자 주류 학자들로부터 상당한 비판을 받았다. 인간이 동물과 크게 다르지 않게 아주 무의식적이며 본능적인 충동에 의해 좌우되는 존재라는 프로이트의 주장은 그 당시의 시대정신과는 부합되지 않았기 때문에 이단자로 취급될 수밖에 없었다.

한편, 초자아(superego)는 사회화 및 교육을 통해 내면화된 도덕, 윤리, 사회적 규범 등을 나타낸다. 그래서 초자아와 원초아는 서로 추구하는 방향이 다르다. 원초아는 즉각적인 충동과 욕구의 충족을 추구하지만, 초자아는 원시적 충동과 욕구의 발산을 억제하는 기능을 한다. 즉, 초자아와 원초아는 서로 갈등관계에 있다.

둘 사이의 관계를 중재하고 조정하는 역할을 하는 요소가 바로 자아(ego)이다. 자아가 강한 사람은 초자아와 원초아 간의 갈등을 잘 조절하여 현실생활에 잘 적응한다. 하지만 자아가 약한 사람은 초자아와 원초아 간의 갈등을 잘 조절하지 못함으로써 현실 적응에 어려움을 겪을 뿐만 아니라 자신의 감추어진 무의식적(성적) 충동이 자제되지 않고 발산되어 버리지 않을까 하는 두려움, 즉 불안(anxiety)을 많이 느끼게 된다.

프로이트는 원초아의 무의식적 욕구나 충동이 사회적으로 수용될 수 있는 형태로 표출되면 정신적으로 건강한 사람이 되지만, 이러한 욕구가 차단되거나 적절한 방법으로 표출되지 않으면 신경증 환자가 된다고 보았다.

그리고 프로이트는 성적 욕구를 충족시키는 신체부위가 어디냐에 따라 유아에서 사춘기까지의 발달단계(심리성적 발달단계)를 구분했다. 생후 1년 반까지의 기간은 구강기로서, 유아들은 어머니의 젖을 빨면서 입으로 성적 쾌감을 느낀다. 그 시기가 지나면 항문기(1년 반~3세)로서, 대변의 배설 혹은 보류에서 성적 쾌감을 느낀다. 그리고 3세에서 5, 6세까지는 성기기(남근기)로, 특히 남아의 경우 자기의 성기를 관찰하고 접촉함으로써 쾌감을 느낀다. 그 이후는 잠복기로서 쾌감을 느끼는 특정한 신체부위가 없고, 잠복기가 끝나 생식기(즉, 사춘기)가 되면 성인과 동일한 방식으로 성적 쾌감을 추구하게 된다고 보았다.

프로이트는 각 심리성적 발달단계별로 어떤 경험들을 했느냐가 이후에 그 사람의 성격형성에 큰 영향을 미친다고 보았다. 즉, 어릴 때 이런 성적 욕구의 적절한 충족이 이후 건강한 성격, 건강한 사람으로 이어지는데, 각 단계별로 욕구 충족이 왜곡되거나 좌절되면 이후 이상 성격이 된다고 보았다.

오이디푸스 콤플렉스

프로이트의 발달단계에서 특히 창의성과 관련된 단계는 성기기이다. 이때에는 성기에 관심을 갖게 되고 자기의 성기를 노출하려 한다든가 다른 사람의 몸에 흥미를 가지게 된다. 또 성인과 아동, 남성과 여성의 성기 차이에 대해 이상하게 생각하게 된다.

이 시기에 남자 아이는 어머니의 존재를 기쁘게 느끼고 어머니를 사랑하게 된다. 이것이 오이디푸스 콤플렉스(Oedipus complex)이다(오이디푸스는 아버지를 죽이고 어머니와 결혼한 테베의 왕 이름이다). 그러나 아이는 어머니를 독차지하는 것이 불가능하다는 것을 알게 된다. 어머니 옆에는 아버지가 있기 때문이다. 아버지는 아이에게 있어서 경쟁 상대이다.

남자 아이들은 동성의 경쟁자인 아버지와 한판 승부를 벌이려고 하지만 신체도 작고 힘도 없기 때문에 당할 수가 없다고 느끼게 된다. 또 부모에게 적대감을 가짐으로써 보복을 당하지 않을까 하는 두려움도 가지고 있다. 예를 들어 남자 아이는 아버지가 자신의 '고추'를 떼어 가지 않을까 하는 불안(거세불안)을 갖는데, 이 불안은 여자 아이가 '고추'를 갖고 있지 않다는 것을 알기에 더욱 위협이 된다.

그래서 남자 아이는 어머니에 대한 성적 욕구를 억압하고 아버지를 닮음으로써 아버지의 위협을 피하려고 한다. 그럼으로써 남자 아이는 아버지의 가치와 규범을 자기 것으로 내면화시키고 초자아를 형성한다. 이 과정이 동일시(identification)이다. 아버지란 존재는 사회의 신념, 가치, 규범, 문화를 대변한다고 볼 수 있기 때문에 동일시는 곧 사회화(socialization)의 제1단계라고 볼 수 있다.

그런데 오이디푸스 콤플렉스를 심하게 경험하고 그것을 해결하거나 극복하지 못하면 문제가 발생한다. 프로이트는 바로 이 점에 주목했다. 그는 성기기 동안 오이디푸스 콤플렉스를 잘 극복하지 못한 예술가나 작가들의 경우 자신의 작품에 이러한 콤플렉스의 잔재가 숨겨져

있다고 했다. 즉, 예술가는 어릴 때 충족되지 못한 자신의 무의식적이
고 오이디푸스적인 소망에 대처하기 위한 수단으로 창작활동을 한다
는 것이다.

오이디푸스적 소망(Oedipal wish)이란 아버지를 제거하고 어머니를
연인으로 만들고자 하는 소망이다. 이 소망은 무의식적인 것이라서 의
식에 떠오르지 않는다. 프로이트는 오이디푸스 콤플렉스를 극복하지
못하고 그것이 왜곡되거나 좌절되고 억압되면 일부 사람에게는 그 욕
구가 무의식 속에 잠재되어 있다가 성인이 되었을 때 창작활동을 통
해서 숨겨져 있는 오이디푸스적인 소망이 교묘하게 위장된 형태로 창
작물에 드러날 수 있다고 얘기했다.

그래서 예술가들의 작품에는 성기기의 무의식적 소망이 위장된 형
태로 담겨져 있으므로 심층적인 분석 방법을 사용하면 그러한 작품을
가능케 한 예술가의 무의식 세계에 도달할 수 있다고 했다.

아버지를 제거하려는 오이디푸스적인 소망을 뒷받침하는 사례들이
있다. 그리스 시대 극작가인 소포클레스의 〈Oedipus Rex〉라는 연극
은 아버지를 살해하고 어머니를 자기 아내로 맞게 되는 오이디푸스의
얘기이다. 셰익스피어의 〈햄릿(Hamlet)〉도 아버지를 살해하고 어머니
와 혼인하는 내용이다. 도스토예프스키의 소설 〈카라마조프가의 형제
들〉에도 아들이 아버지를 살해하는 내용이 나온다.

그래서 정신분석학자들은 이런 사례들에서 작가들의 무의식 세계에
잠재된 부친살해라는 오이디푸스적인 소망이 작품에 투사된 것이 아
닌가 하고 생각한다. 〈카라마조프가의 형제들〉에서는 아버지를 죽인

살인자를 간질병 환자로 묘사하고 있는데, 실제로 도스토예프스키 자신이 간질병 환자였다. 그리고 자신의 친아버지 역시 그가 어릴 때 누군가에 의해 살해당했다.

방어기제

성기기 동안에 오이디푸스 콤플렉스가 원만하게 해결되지 못하면 성인이 되어서도 오이디푸스적 소망이 무의식 속에 잠재해 영향을 미치며, 계속 꿈틀거리면서 표출되려 한다. 오이디푸스적 소망이라는 것은 주로 부친살해, 근친상간과 같은 것들이다. 이것들은 정상적인 사람이라면 밖으로 드러낼 수 없는 소망들이다. 따라서 이러한 무의식적 소망이 계속 꿈틀거리면 우리는 불안(신경증적 불안)을 경험한다.

이 불안은 자아(ego)가 원초아와 초자아 간의 조정과 통합의 기능을 제대로 하지 못하기 때문인데, 자신을 방어하기 위한 어떤 수단이 필요하다는 하나의 경고 신호로서 작용한다.

특히 불안의 유형 중 '신경증적 불안'은 원초아의 충동을 자아가 통제할 수 없을 것이라는 두려움에서 비롯된다. 이러한 신경증적 불안으로부터 자신을 보호하기 위하여 작동하는 것이 방어기제(defense mechanism)이다.

방어기제에는 억압, 부인, 합리화, 주지화, 반동형성, 투사, 치환, 승화, 동일시 등 다양한 종류가 있는데, 가장 단순하면서도 가장 많이 사용되는 방어기제가 '억압'과 '반동형성'이다. 억압은 무의식 속에 잠재된 원초아의 용납될 수 없는 충동이나 욕구들을 그냥 억누르는 것이며, 반동형성은 자신의 무의식적인 충동을 정반대의 형태로 표현하는 것이다.

반동형성의 예로는 자신의 은밀한 성적 욕구가 드러나는 것이 두려워서 과도하게 금욕을 강조하는 행동을 하거나, 어머니에 대한 애절한 그리움이 여자에 대한 무자비한 폭력으로 나타나는 경우를 들 수 있다. 특히 오이디푸스 콤플렉스를 경험하는 시기에 어머니가 자기를 떠났다면 성인이 되어서 어머니에 대한 욕구가 다른 사람들보다 더 강렬하다. 그런데 연인으로서의 어머니에 대한 성적 욕구는 이제 더 이상 충족될 수 없다. 그래서 성인이 되어서 이런 욕구 충족에 대한 방어기제로 어머니의 존재에 대한 강렬한 그리움이 반대로 작용하여 여자만 보면 폭력적이 되는 형태를 띤다.

프로이트의 설명에 의하면, 매우 독창적인 작품을 남기는 예술가들은 어렸을 때 오이디푸스 콤플렉스의 극복에 문제가 있었지만, 성인이 되었을 때 충족되지 못한 오이디푸스적 소망을 억압이나 반동형성과 같은 방어기제로 대처하는 것이 아니라 승화라는 방어기제로 극복한다는 것이다.

승화는 허용될 수 없는 충동이나 욕구를 사회적으로 허용되는 사고와 행위로 전환시키는 것이다. 예를 들어 강한 무의식적 공격충동을 가진 사람이 외과의사(예: 수술)나 운동선수(예: 복싱)가 됨으로써 공격충동을 사회적으로 용인되는 형태로 충족시키는 것이다. 억압이나 반동형성과 같은 방어기제가 작동되더라도 효과적이지 못할 때에는 신경중 환자가 되지만, 예술가의 경우 승화라는 방어기제가 작동하면 독창적인 작품으로 나타날 수 있다는 것이다.

그래서 프로이트는 예술분야에서 창의적인 업적을 남긴 사람들 중에는 오이디푸스 콤플렉스를 원만하게 극복하지 못한 사람이 있고, 이들은 승화라는 방어기제를 통해서 자신의 무의식적 욕구인 오이디푸스적 소망을 작품에 담는다고 보았다. 그런데 프로이트는 그 소망이 작품에 상당히 위장된 형태로 표현되어 있기 때문에 깊은 분석을 해보아야 알 수 있다고 했다.

프로이트는 자신의 이런 주장에 대한 실제적인 근거를 찾으려고 노력했는데, 가장 주목했던 사람이 레오나르도 다빈치(Leonardo da Vinci, 1452~1519)였다. 레오나르도 다빈치는 조각가, 화가, 과학자, 전술가 등으로 불릴 만큼 다방면에 걸쳐 매우 뛰어난 인물로, 천재 중의 천재라 고 할 정도로 대단한 사람이다.

다빈치의 어린 시절을 살펴보면, 그의 생모는 아버지와 정식으로 결혼한 사람이 아니었고, 다빈치를 낳은 후 남편으로부터 버림받았다. 그래서 다빈치가 생모와 같이 산 기간은 얼마 되지 않는다(정확한 기간은 알려져 있지 않으나 3세에서 5세 정도까지로 추정된다). 남편으로부터 버림받은 생모의 입장에서 보면 자기가 의지할 곳은 자기 자식밖에 없었다. 그래서 프로이트는 다빈치의 생모가 그에게 엄청난 사랑을 베풀었을 것이라고 추측했다.

그렇다면 3세에서 5세 사이의 성기기 시기에 있던 다빈치가 자신의 생모로부터 엄청난 사랑을 받았다는 것은 아주 강하게 오이디푸스 콤플렉스에 빠졌을 가능성이 있다는 것을 의미한다. 즉, 자기 어머니를 너무나 사랑하게 되었다는 것이다. 그런데 이 시기에 어머니는 다빈치 곁을 떠나게 된다. 그래서 다빈치는 원만하게 오이디푸스 콤플렉스를 해결하지 못했을 것으로 프로이트는 추측했다.

일반 사람이 이런 경험을 했으면 그 사람은 나중에 성장하여 억압이나 반동형성과 같이 그리 효과적이지 못한 방어기제들이 작동되어 이상성격이나 정신병리적 특징을 보였을 가능성이 크다. 그러나 다빈치는 상당한 재능을 가진 사람이었으므로 좌절되고 원만하게 해결되지 못한 어린 시절의 오이디푸스 콤플렉스를 '승화'라는 방어기제로 해결했을 것으로 프로이트는 보았다.

프로이트는 자신의 이런 추측을 뒷받침해 주는 증거를 그의 그림에서 찾고자 했다. 프로이트가 분석한 다빈치의 그림은 〈성 안나와 성모자(The Virgin and Child with St. Anne)〉라는 그림이다. 그림에서 아이는 아기 예수이고, 아이를 감싸고 있는 여자가 성 안나, 그리고 그 뒤에서 지그시 아이를 내려다보는 인물이 성모 마리아이다.

프로이트는 이 그림 속에 다빈치의 무의식적인 오이디푸스적 소망이 위장된 형태로 투영(승화)되어 있다고 보았다. 프로이트의 분석에 의하면 아이가 다빈치 자신이고 두 여자는 생모와 새어머니—새어머니도 다빈치를 매우 사랑했다고 한다—라는 것이다. 두 어머니에 대한 그리움, 두 어머니에 대한 사랑의 감정이 그림에 투영되어 있다는 것이다.

그림 속의 두 여자는 나이가 비슷해 보인다. 그러나 성경에 의하면

〈성 안나와 성모자〉 1508/1510

성 안나와 성모 마리아는 사실 상당히 나이 차가 난다. 그런데 그것을 모를 리 없는 다빈치가 이 두 사람을 비슷한 연령의 사람으로 그린 것도 자신의 소망 충족을 위한 것이라는 설명이다.

프로이트는 이러한 분석을 통하여 예술가들의 경우 현실세계에서는 도저히 충족될 수 없는 무의식적 소망, 충동, 욕구를 자신의 작품에 위장된 형태로 표현함으로써 창의적인 업적을 남기게 된다고 한다.

하지만 이 그림의 분석에서 프로이트가 결함이 없는 것은 아니다. 먼저, 성모 마리아와 아기 예수의 그림에 성 안나가 포함되어서 성모 마리아와 같은 배치로 그리는 것은 그 당시의 유행이었다. 따라서 두 어머니에 대한 다빈치의 무의식적 소망이 투영된 것이 아니라는 것이다. 실제 당시의 목판화나 그림들을 보면 성 안나, 성모 마리아, 그리고 아기 예수가 함께 등장하는 작품들이 있다. 게다가 그 그림은 삼각 구도인데, 당시에 이러한 구도가 유행했다. 그렇기 때문에 이 그림이 다빈치만의 독특한 무의식적 욕구가 승화된 그림이라고 보는 것은 당시의 배경을 고려하지 않은 지나친 해석이라는 것이다.

또 프로이트는 생모가 다빈치에게 지극한 사랑을 베풀었을 것이라고 가정하고, 다빈치가 아주 깊이 오이디푸스 콤플렉스에 빠졌을 것이라고 추측하고 있다. 하지만 이것은 단순한 추측일 뿐이다. 오히려 남편으로부터 버림받은 생모는 다빈치에게도 무관심했을 수도 있는 것이다. 이런 여러 가지 사실들 때문에 프로이트가 다빈치의 그림을 분석하여 주장한 것이 과연 사실인지는 알 수가 없다.

좋은 이론은 현상을 예측할 수 있어야 한다. 그러나 프로이트의 설명으로는 어린 시절 특별한 경험을 한 사람들 중 누가 창의적인 사람이 될지에 대해서는 아무런 대답을 하지 못한다. 뿐만 아니라 어떤 사람에게는 억압이나 반동형성이라는 방어기제가 작동하고 또 어떤 사람에게는 승화라는 방어기제가 작동하는지에 대해서도 프로이트는 분명한 답을 제시하지 못한다.

지금까지의 프로이트 주장을 요약해 보면, 그는 창의성의 근원을 성 기기 동안 오이디푸스 콤플렉스의 경험 방식과 콤플렉스를 해결하는 방식에서 찾는다. 그리고 이 콤플렉스를 적절히 해결하지 못하고 성인이 되었을 때 잠재되고 억압된 오이디푸스적인 소망과 욕구에 대해 승화라는 방어기제가 작동되고 이를 작품 속에 교묘하게 위장된 형태로

창의적 사람과 정신질환

"지금 난 미쳐버릴 것 같아요. 더 이상 이 끔찍한 시기를 견디며 살아갈 수 없습니다. 이번에는 회복하지 못할 것 같아요. 환청이 들리고 일에 집중하지 못하겠습니다…. 이제껏 내 모든 행복은 당신이 준 것이고, 더 이상 당신의 삶을 망칠 수 없습니다."

1941년 3월 '의식의 흐름' 기법으로 알려진 영국 최고의 모더니스트 작가 버지니아 울프는 이런 쪽지를 남편에게 남겨놓고 산책을 나가서, 돌멩이를 주워 외투 주머니에 가득 넣고 아우스 강으로 뛰어들어 스스로 삶을 마감했다.

예술가나 작가 중에는 울프뿐만 아니라 헤밍웨이, 반 고흐나 차이코프스키처럼 자살로 삶을 마감한 사람들이 많다. 우리나라 작가 중에는 '봄은 고양이로소이다'를 쓴 이장희가 있다.

정신의학자 루드윅(Ludwig)은 자신의 책, 〈위대함의 대가(*The price of greatness*)〉에서 분야마다 정신질환의 유형이 다르다고 소개하고 있다. 그에 따르면 문학, 미술, 작곡, 연주, 연극 등과 같은 전문 예술 분야의 사람들이 다른 분야(예: 과학, 비즈니스)보다 더 많이 정신적 고통을 경험하고 장기간 계속된다고 한다. 일반적으로 창의적인 작업에 종사하는 사람들의 정신적 고통 중 알코올 중독과 우울증이 가장 많이 나타나는 정신적 병리 현상인데, 분야마다 많이 나타나는 정신 병리의 유형이 조금씩 다르다. 예를 들어, 배우나 연주가는 약물과다 복용이 많고, 작곡가, 화가, 논픽션 작가들에게는 알코올 중독과 우울증이 많으며, 시인, 배우, 소설가, 연주가들에게는 자살 시도가 많으며, 특히 시인들에게는 정신분열과 같은 심각한 정신병을 가진 사례가 많다. 반면 정확성, 이성, 논리 등이 강조되는 과학이나 비즈니스 분야 그리고 수필가, 비평가, 저널리스트와 같은 분야에서는 상대적으로 정신병리들이 덜 나타난다.

과학자들은 오랫동안 왜 창의성과 정신질환 간에 관련성이 있는지 궁금해했는데, 2003년 미국 하버드대학의 피터슨(Peterson) 교수에 의하면, 창의적인 사람들의 뇌는 자신을 둘러싼 환경으로부터 오는 자극들에 대해 일반인들보다 훨씬 더 개방적인 특성이 있다고 한다.

보통 사람들의 뇌는 대개 '잠재 억제(latent inhibition)'라는 기제를 통해 불필요한 것으로 인지된 자극들을 적절히 차단하지만, 피터슨 교수의 연구 결과에 의하면, 창의적인 사람들은 정신병 환자와 마찬가지로 잠재 억제의 수준이 훨씬 낮다고 한다. 이러한 특성이 높은 지능을 가진 사람들에게서 나타나면 독창적인 사고를 하는 데 중요한 기여를 하지만, 그런 특성이 없으면 정신질환으로 이어진다는 것이다.

투영시키는 경우 매우 독창적인 작품이 나온다고 설명한다.

프로이트의 이러한 설명에 의하면, 창의적인 걸작을 남기는 사람들은 성기기의 오이디푸스 콤플렉스를 적절히 해결하지 못하여 신경증적 불안을 경험하는 사람들이라는 생각을 갖게 한다. 다양한 분야의 창의적인 인물들이 보이는 이상성격, 우울증, 정신분열, 자살 등과 같은 정신병리는 어린 시절의 원만하지 못한 경험 때문이라고 프로이트는 보았다.

이러한 프로이트의 견해는 20세기 중반까지는 매우 강력했다. 그러나 차츰 이러한 견해에 회의적인 시각들이 나타나기 시작했다.

창의적인 사람들은 정신적으로 건강한 사람들

1960년대 이후 성격심리학자들은 '창의성이 정신적인 이상과 관련이 있다'라는 인상을 강하게 심어준 프로이트의 견해와는 일치하지 않는 연구 결과들을 제시하기 시작했다. 특히, 미국 버클리 대학교에서 연구를 수행했던 성격심리학자들이 주로 이런 증거들을 제시했다. 그들은 당시 예술가, 작가, 과학자, 건축가, 경제학자, 공학자, 수학자 등 다양한 분야의 사람들을 대상으로 연구했다. 이런 측면에서 프로이트가 신경증 환자들을 대상으로 자신의 이론을 정립했던 것과는 차이가 있다.

버클리 대학교에서 행해진 많은 연구의 결론은, 창의적인 사람들은 정신적으로 매우 건강한 사람들이라는 것이다. 즉, 프로이트의 견해와는 반대로 창의적인 사람들은 정신병리나 불안, 신경증 등의 증상과는 전혀 관련이 없고, 독립적인 자아를 가진 정신적으로 안정된 사람들이라는 것이다. 그 중의 한 연구자인 매키넌(MacKinnon) 교수의 연구를 살펴보자.

매키넌은 당시 미국에서 활동하고 있는 건축가들을 세 집단으로 구분했다.

첫 번째 집단은 '창의적인 집단'이다. 이 집단은 건축가협회의 명망 있는 원로 건축가들로부터 창의적이라는 평가를 받은 집단이다.

두 번째 집단은 창의적인 사람이라고 평가받지는 않았지만, 창의적인 사람들과 2년 이상 함께 일한 경험이 있는 사람들의 집단이다.

세 번째는 비교집단으로서 건축가협회에 등록된 건축가들 중 무작위로 선정된 일반 건축가 집단이다.

이렇게 세 집단을 구성하여 다양한 성격검사를 실시한 후 그 결과를 분석하여 프로이트의 주장처럼 과연 창의적 집단의 구성원들에게 이상성격의 특징이나 정신병리의 징후가 있는지 살펴보았다.

분석 결과, 창의적인 건축가라는 평가를 받은 사람들의 공통적인 성격 특성으로 나타난 것은 강한 자아를 소유했다는 것이다. 프로이트의 성격이론에서 보았듯이, 자아(ego)는 원초아(id)와 초자아(superego) 간의 갈등을 조정하는 역할을 하는 성격 요소이다. 원초아는 본능적인 욕구를 계속 충족시키려 하고 초자아는 이를 억제하려 한다. 이 둘간의 갈등을 조정해 주는 기능을 하는 것이 자아이다.

두 번째는 독립심과 자율성이 높다는 것이다. 여기서의 독립심이란 다른 사람들의 영향을 쉽게 잘 받지 않는다는 의미이다. 자신의 관점과 생각이 분명하다는 의미이기도 하다.

그리고 또 다른 특징은 지배성이 높다는 것이었다. 이것은 다른 사람들을 리드하고 그들에게 영향력을 행사하고자 하는 욕구가 강하다는 의미이다. 그리고 의지력도 강하고, 자신감에 차 있고, 자기 주장을 분명히 하는 특징들이 창의적인 집단에서 나타났다.

이런 특징들을 보면 프로이트의 생각과는 많이 다르다. 프로이트에 의하면, 창의적인 사람은 어린 시절에 오이디푸스 콤플렉스를 잘 극복하지 못함으로 해서 성인이 되어서도 내적인 갈등이나 신경증적 불안 수준이 높다고 보았다.

그러나 버클리 대학의 연구에 의하면 그런 성향이 전혀 보이지 않는다. 오히려 창의적인 사람은 정신적으로 상당히 건강하다는 결과를 보인다. 대신, 내적인 심리적 갈등이나 불안 수준이 특히 높았던 집단은 두 번째 집단, 즉 창의적이라고 평가받지 못하지만 창의적인 인물과 함께 일한 경험이 있는 사람들이었다.

그리고 건축가들을 대상으로 했던 매키넌의 연구뿐만 아니라 버클리 대학에서 행해진 또 다른 연구들에서도 일관되게 창의적인 사람들은 정신적으로 건강한 사람들이라는, 즉 자아가 강하고 독립적이고 자신감이 있고 지배적인 특징을 보였다.

한편, 창의적인 사람은 매우 독립적이고 자율적인 특징을 갖는다는 것은 동조실험을 사용하여 창의적인 사람과 그렇지 않은 사람을 비교한 버클리 대학의 연구 결과에서도 알 수 있다. 동조(conformity)라는 것은 타인의 영향을 받아서 자신이 타인의 의견이나 행동에 따라가는 것을 말한다. 가장 일반적인 동조 현상의 예는 사람들이 유행을 따르는 행동이다.

동조실험은 사회심리학자 애쉬(Asch)가 처음 고안한 것으로서, 그 목적은 인간이 혼자 있을 때의 판단과 타인들과 함께 있을 때의 판단이 어떻게 다른지, 그리고 타인들의 견해나 행동이 개인의 행동에 얼마나 영향을 주는지를 파악하는 것이었다. 애쉬의 동조실험을 잠시 보자.

동조실험은 아주 간단하다. 그림에 4개의 선분이 있다. 실험에 참가한 사람이 할 일은 오른쪽의 세 선분 중 왼쪽의 선분 S와 길이가 같은 것을 찾는 것이다.

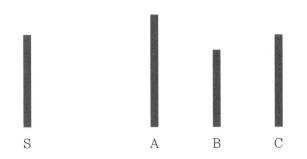

위의 그림에서 보듯이 C선분이 S선분과 길이가 같다. 그래서 혼자 이 그림을 보고 판단할 때에는 누구나 C선분이라고 답한다.

그런데 애쉬의 동조실험은 혼자 판단하는 상황이 아니라, 피험자 9명이 방 안에 반원으로 둘러앉아서 S선분과 길이가 같은 선분을 찾는 것이다. 9명이 한 사람씩 답을 한다. 그래서 둘러앉은 사람들 중 제일 왼쪽의 첫 번째 사람에게 먼저 묻고 답하고, 그 옆의 다음 사람에게 묻고 답하는 방식이다.

하지만 애쉬는 교묘하게 실험 상황을 꾸몄다. 9명의 피험자들 중 진짜 피험자는 제일 마지막에 앉아 있는 사람이며, 그 이전에 앉아 있는 8명은 피험자인 것처럼 행동하는 가짜 피험자이다. 그러나 마지막에 앉아 있는 진짜 피험자는 앞의 8명이 가짜 피험자인 것을 모른다.

이런 상황을 연출한 다음 이 과제를 여러 번 반복하다가 적당한 시기가 오면 가짜 피험자들이 엉뚱한 답을 말하기 시작한다. 즉, 5~6번 정도 하다가 그 다음부터는 가짜 피험자들이 미리 짠 계획에 따라 의도적으로 틀린 답을 말한다. 예를 들어 첫 번째 사람이 A선분이 S선분과 길이가 같다고 말한다. 그리고 두 번째 사람도 똑같이 엉터리로 답하고 세 번째 사람도 엉터리로 답한다. 그리하여 가짜 피험자 8명 모두 A선분이라는 틀린 답을 말한다.

애쉬는 다수가 틀린 반응을 했을 때 과연 마지막에 앉아 있는 진짜 피험자가 어떤 반응을 할지에 관심이 있었다. 앞의 8명과 똑같이 틀린 답을 하면 그 사람은 동조행동을 한 것이다. 이것은 그 사람이 다른 사람의 영향을 받아서 자신의 생각과 판단을 포기하는 것을 뜻한다.

애쉬의 동조실험 결과에 의하면, 끝까지 '자기 생각이 맞다'고 생각하여 가짜 피험자의 판단과는 관계없이 자기 판단을 고수한 사람은 전체 피험자들 중 3분의 2도 되지 않았다. 35%의 사람들이 다수가 틀린 답을 얘기하면 자기 생각이 분명한 답이라고 생각하더라도 다수의 영향을 받아서 틀린 답으로 반응한 것이다. 앞의 8명이 자신에게 틀린 답을 말하라고 강요한 것도 아니고 그냥 자신의 판단을 말하는 사람들이라고 비춰졌는데도 불구하고 마지막에 있던 진짜 피험자는 그들을 따라서 틀린 답을 말한 것이다.

버클리 대학에서 이러한 애쉬의 동조실험을 사용하여 창의적인 사람과 그렇지 않은 사람을 비교한 결과, 창의적인 사람들이 일반 사람들보다 훨씬 덜 동조한다는 결과를 얻었다. 즉, 창의적인 사람은 자기의 생각, 견해, 가치가 분명하고 그것을 지키는 사람들이라는 것이다. 앞에서 창의적인 사람들의 공통 특징 중 독립심과 자율성이 강하다고 했던 것이 바로 이런 맥락에서 설명이 된다.

이런 결과를 볼 때, "창의성은 정신이상과 관련이 있다"라는 생각은 다소 과장된 견해라는 것을 알 수 있다. 오히려 창의적인 사람은 건강한 성격을 가진 사람이라고 결론내릴 수 있다.

지난 30년간 미국의 창의적 예술가와 과학자를 대상으로 창의성을 연구해온 정신과 의사 로텐버그(Albert Rothenberg)는 창의적인 사람들의 사고와 정신병자의 사고에 표면적인 유사성이 존재하지만, 창의적인 사람들의 사고는 논리를 초월하는(translogical) 것이고, 정신병자의 사고는 비논리적(illogical)인 것이라고 이 둘 사이의 관계를 일축하고 있다.

반 고흐가 정신병에 시달릴 때에는 창의적이지 못했다는 사실, 뉴턴이 정신질환을 보였을 때에는 아무런 업적도 못 남겼다는 사실은 창의의 과정이 건강하고, 의식적이며, 동기로 가득 찬 과정이고 정신질환과는 무관하다는 주장을 뒷받침하는 또 다른 예이다.

오해 3 — 나는 창의적이지 않다

지금까지 창의성과 관련된 두 가지 잘못된 견해를 살펴보았다. 과거에는 창의성이 정신적 장애와 관련이 있다거나 또는 무의식의 세계와 관련있다고 했는데, 지금까지 살펴본 이 생각들은 다소 과장되었거나 오해에 가깝다는 결론을 내릴 수 있다.

적어도 오늘날의 시각에서는 적절하지 않은 견해들이다. 과거 그런 오해를 가짐으로 해서 창의성은 특별한 사람에게서만 나타나는 현상이라는 인상을 강하게 심어주었다. 따라서 일반인들과는 무관한 것으로 생각하기 쉬웠다.

그러나 오늘날에는 모든 사람은 "창의적일 수 있다" 또는 "창의적인 잠재력이 있다"는 것이 더 유력한 견해이다. 따라서 다음의 그림처럼 "나는 창의적이지 않다"라는 생각은 이제는 오히려 무척 창의적인 아이디어로 여겨진다.

보통의 일반인들도 창의적일 수 있다는 주장을 뒷받침하는 실제 사례를 보자.

2002년 10월 8일 일본의 고시바 마사토시(小柴昌俊) 도쿄대 명예교수가 노벨물리학상 수상자로 선정된 바로 다음날 시마즈(島津)제작소의 한 직원이 노벨화학상 수상자로 뽑혔다. 과학 분야에서 2명의 일본인이 연거푸 노벨상 수상자로 발표된 것도 놀라운 일이었지만, 특히 무명의 샐러리맨이 선정되었다는 사실이 세상을 놀라게 했다.

수상자가 발표되었을 때 본인은 물론 가족 그리고 문부과학성까지도 믿을 수 없다는 표정을 지었고, 가족들은 동명이인이 아니냐고 되물었다. 그 때 그의 나이가 43살이었고 유명한 사람도 아니었다. 그러나 사람들이 놀란 것은 그것이 전부가 아니었다. 그가 박사도 석사도 아니며 당연히 교수도 아니라는 사실이다. 그는 학사(동북대) 출신으로 일본에서 최고로 꼽히는 동경대 출신도 아니었다.

그는 지극히 평범한 샐러리맨이었다. 수상소식이 전해지자 시마즈 제작소측은 사내 3명의 동명이인 중 어느 사람인지 찾아 헤매야 할 정도로 그의 존재는 미미했다.

이 사람이 바로 최초의 '분자 질량 분석기 개발' 공로로 2002년 노벨화학상 수상자이자 일본에 열두 번째 노벨상을 안겨다 준 다나카 고이치(田中耕一)이다.

다나카 고이치는 일류 명문대 출신도 아닐 뿐만 아니라 민간기업 연구부문에 종사하는 연구원으로서, 최초로 박사학위도 없이 노벨화학상을 수상한 사람이었다.

다나카는 극히 평범한 사람이었다. 그가 노벨상을 수상한 후 기자들이 그의 대학 시절 지도교수에게 다나카에 대해 묻자, 지도교수는 "굉장히 기쁘다. 그런데 그의 전공이 뭐였더라. 자료를 보지 않으면 모르겠는데…"라고 말하기도 했다고 한다. 다나카는 지도교수의 기억 속에 남아 있지도 않은 제자였던 것이다.

또한 당시 친구들도 "다나카가 진지하게 공부하기는 했어도 그렇게 뛰어났다는 생각은 들지 않는다"고 했다. 그는 원래 대학원에 진학하고 싶었으나 가정형편 때문에 졸업 후 취업전선에 뛰어들었다. 그가 일하고 싶은 기업은 소니였다고 한다. 그러나 면접에서 떨어진 후 시마즈제작소에 입사했다. 이 회사에서 다나카는 전공(전기공학)과는 동떨어진 화학연구원으로 새출발했다. 입사 후 그는 기본적인 화학 지식을 제대로 몰라 꽤 고생했던 것으로 전해졌다.

시마즈제작소 사람들은 그에게 '이상한 사람'이라는 별명을 붙여 주었다. 외모에는 전혀 신경쓰지 않아 양복 두 벌을 번갈아 입고 다녔다. 어떤 때는 머리를 아주 짧게 깎고 나타나 동료들을 놀라게 하기도 했다. 동료들이 "무슨 일이 있느냐"고 물으면 "연구하고 생각하는 데 방해가 되어 깎았다"고 했다. 동료들은 "함께 출장가도 다나카는 연구 이야기밖에 하지 않았다"고 말했다. 입사 동기 70명 가운데 과장이 즐비한데도 그가 주임연구원인 것도 연구에 몰두하기 위해 관리직 승진시험을 치르지 않았기 때문이었다.

　이러한 그의 생활을 보면 일반 사람과 특별히 다르지 않다. 하지만 다나카는 연구에 대한 정열과 진지함으로 자신의 세계를 개척해갔다. 일반 사람들도 얼마든지 창의적일 수 있다는 것을 보여준 사례인 것이다.

　결론을 이야기하면, 과거에는 창의성이 ① 마술과 같은 것, ② 정신적인 장애가 있는 사람들과 관련이 있는 것, ③ 무의식과 같은 신비로운 장소에서 나오는 것과 같은 잘못된 생각을 가졌다. 하지만 오늘날 창의성은 ① 복잡한 현상이지만 이해될 수 있는 것, ② 건강한 것, ③ 즐거운 것, ④ 중요한 것, ⑤ 모든 사람들에게 존재하는 자연스러운 것이라고 생각한다. 과거 잘못된 생각이나 오해에서 어느 정도 벗어나, 현재에는 창의성이 일반 사람들 누구에게나 가능한 현상, 누구에게나 나타날 수 있는 현상이라는 것으로 의견이 모아지고 있다.

04

뇌와 창의성에 대하여

창의적인 사고를 위해서는

우뇌와 관련된 활동을

해야 한다

인간의 뇌는 아직도 신비로운 탐구의 영역으로 남아 있다. 우리 지구가 속하는 은하계, 그리고 그 밖의 우주에 대해 아직 우리가 알지 못하는 것이 너무나 많듯이, 인간의 뇌에 대해서도 우리가 모르는 것들이 매우 많다. 어떤 학자에 의하면 아직도 인간의 뇌는 단 5%도 밝혀진 것이 없다고 할 정도로 인간의 뇌는 앞으로도 무궁무진한 탐구영역이다.

인간의 뇌는 생명의 유지와 적응에 필요한 다양한 기능을 수행하지만, 무엇보다 중요한 기능은 인간의 고등정신작용을 가능케 해준다는 것이다. 고등정신작용이란 인간의 이성적 판단, 추론, 문제해결 등의 복잡한 정신작용을 말한다. 이것은 동물에게는 없고 인간에게만 있는 정신작용이다. 그리고 창의적 사고 역시 뇌의 고등정신이 작용한 결과이다.

다음 그림은 인간의 뇌를 절단한 단면이다. 단면도에는 대뇌피질, 뇌량, 시상, 시상하부, 시교차, 뇌하수체, 연수, 척수, 중뇌, 소뇌 등 뇌의 각 부위들이 설명되어 있다.

뇌의 각 부위 중 주목할 부분은 대뇌피질(신피질)이다. 대뇌피질은 쭈글쭈글한 모양으로 뇌 전체를 감싸고 있다. 추론을 하거나 중요한 판단을 하거나 어려운 문제를 해결하는 것과 같은 고등정신작용을 담당하는 부분이 바로 대뇌피질이다. 인간과 동물의 뇌 구조상의 가장 큰 차이는 대뇌피질의 크기에서 확연하게 드러난다. 인간이 지구상의 동물 중에서 가장 고등동물인 것은 바로 뇌를 둘러싼 대뇌피질(신피질) 때문이다.

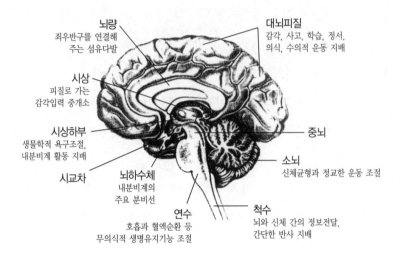

뇌량
좌우반구를 연결해
주는 섬유다발

대뇌피질
감각, 사고, 학습, 정서,
의식, 수의적 운동 지배

시상
피질로 가는
감각입력 중개소

시상하부
생물학적 욕구조절,
내분비계 활동 지배

중뇌

소뇌
신체균형과 정교한 운동 조절

시교차

뇌하수체
내분비계의
주요 분비선

연수
호흡과 혈액순환 등
무의식적 생명유지기능 조절

척수
뇌와 신체 간의 정보전달,
간단한 반사 지배

인간의 오랜 진화의 결과라고 보이는 대뇌피질에서 인간의 창의성도 발현된다. 하지만 대뇌피질에서 창의성을 포함한 인간의 다양한 고등정신작용들이 어떤 방식과 기제로 발현되는지에 대해서는 아직도 많은 연구가 필요하다. 최근에는 MRI와 같은 첨단장비를 사용하여 인간의 고등정신작용을 밝히려는 노력이 많이 이루어지고 있다.

대뇌의 기능분화

상당히 복잡하고 신비스러운 인간의 뇌를 해부하여 위에서 아래로 내려다보면 뇌가 좌뇌와 우뇌의 두 반구로 구분되어 있음을 알 수 있다. 두 개의 뇌가 좌우 대칭으로 되어 있는 것이다.

좌뇌와 우뇌의 연결은 뇌량이 담당한다. 좌뇌와 우뇌 간에 정보가 전달되는 통로인 뇌량이 있기 때문에 좌뇌와 우뇌가 통합적으로 기능하고, 따라서 우리는 두 뇌가 서로 구분되어 있다는 느낌을 전혀 가지지 못한다.

하지만 1950년대까지만 하더라도 좌우 반구의 기능에서 아무런 차이가 없는 것으로 생각했다. 뇌의 좌우 반구 기능이 서로 다르다는 사실은 1960년대 초 캘리포니아 공과대학 로저 스페리(R. Sperry) 교수의 연구를 통해서 드러났다. 스페리는 뇌량이 절단된 간질환자들을 대상으로 한 연구에서 좌우뇌의 기능이 다르다는 것을 밝혀내고, 이 공로로 1981년 다른 동료와 함께 노벨상을 받았다.

스페리의 연구대상인 간질환자는 뇌 어느 한쪽 부위에서 흥분이 일어나면 이것이 뇌 전체에 퍼져서 몸이 뒤틀리거나 꼬이는 등 자기 스스로 몸을 통제할 수 없는 발작 상태에 빠지게 된다. 그래서 간질환자를 치료하는 한 가지 방법은 뇌량을 절단하는 것이다. 뇌량을 절단하면 뇌에 한쪽 부위에서 흥분이 일어났을 때 그것이 다른 반구의 뇌로 전달되지 않기 때문이다. 그래서 오래 전부터 간질발작에 대한 치료의 한 방법으로 뇌량을 절단하는 수술이 널리 사용되었다.

다음의 그림은 스페리가 어떻게 실험을 했는지를 보여주고 있다. 실험의 순서는 왼쪽에서 오른쪽으로 순차적으로 진행된다.

먼저, 왼쪽 그림을 보자. 의자에 앉아 있는 간질환자로 하여금 전면의 중간에 표시된 X라는 단어를 응시하도록 지시한다. X의 왼쪽에는 칫솔 그림이 있다. 이 칫솔은 짧게 제시되고 사라진다. 그 후에 연구

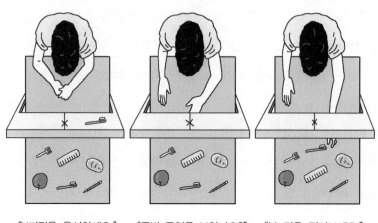

"X지점을 응시하세요."　"금방 무엇을 보았나요?"　"본 것을 집어보세요."
(X 왼쪽에 칫솔이 나　"……."　　　　　　　 (칫솔을 집는다)
타났다가 사라진다)

자가 이 사람에게 방금 무엇을 보았는지를 묻는다. 이 질문에 이 사람
은 자신이 무엇을 봤는지 답을 하지 못한다(중간 그림).

　그 이유는 이 사람은 뇌량이 절단된 간질환자이기 때문이다. 왼쪽
화면에 제시된 자극(칫솔)은 반대편인 우반구로 전달된다. 이는 시신경
이 뇌로 올라가면서 교차되기 때문에 왼쪽 눈으로 들어온 자극은 우
뇌로 전달되고 오른쪽 눈으로 들어온 자극은 좌뇌로 전달된다. 위 실
험에서는 왼쪽 화면에 자극이 제공되었기 때문에 그 시각정보는 우뇌
로 전달되는데, 간질환자의 경우에는 자신이 본 것을 말로 표현하지
못하는 것이다(아래에서 살펴보겠지만 언어능력은 좌뇌와 관련이 있기 때문
이다).

　그리고 난 후 간질환자에게 칸막이 밑으로 손을 집어넣어 조금 전
에 본 것을 집어보라고 한다(세 번째 그림). 칸막이 때문에 물건들이 보

이지는 않는다. 무엇을 보았는지에 대한 질문에서는 대답하지 못한 간질환자는 이번에는 여러 가지 물건 중에서 칫솔을 정확하게 집어낸다. 그렇다면 이 간질환자는 조금 전에 본 단어를 말로 표현하지 못했을 뿐 그것이 무엇인지는 정확히 알고 있었다는 뜻이다. 이 실험을 통해 좌뇌와 우뇌의 기능이 서로 다를 수 있다는 추측이 가능해진다.

결론을 말하면, 좌뇌는 주로 언어적 기능을 담당하는 부위이고, 우뇌는 주로 공간지각과 관련된 기능을 담당하는 부위이다. 좀더 단순화시키면 좌뇌는 언어능력, 우뇌는 공간지각능력과 관련있다. 그래서 이 실험에서, 왼쪽에 제시된 칫솔이라는 시각정보는 우뇌로 전달되지만 우뇌는 언어능력이 없기 때문에 무엇을 보았는지 말로 보고하지 못한다. 그러나 우뇌의 공간지각능력 때문에 손으로 만져서 조금 전에 본 것을 집어낼 수는 있는 것이다.

이 실험에 참가한 사람이 뇌량이 절단된 간질환자가 아니라 일반인이라면 이런 현상이 나타나지 않는다. 왜냐하면 왼쪽에 제시된 시각자극이 우뇌에 전달되면 곧바로 뇌량을 통해서 좌뇌로도 전달되기 때문에 무엇을 보았는지를 금방 말로 대답할 수 있다. 그러나 뇌량이 절단된 경우 시각정보가 우뇌로만 전달되었기 때문에 대답을 못하는 것이다. 이러한 실험을 통해서 스페리는 좌우의 뇌기능이 서로 다르다는 사실을 밝혀냈던 것이다.

좌 · 우뇌의 우세 기능 비교

스페리의 연구 이후, 많은 사람들이 좌 · 우뇌의 구체적인 기능에 대해 관심을 가지고 연구를 했다. 그리고 그들의 연구를 종합해 볼 때 다음의 그림과 같이 좌 · 우뇌의 우세한 기능을 구분할 수 있다.

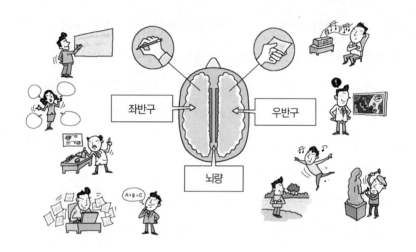

좌반구는 오른손 감각, 수학, 과학, 언어, 글쓰기, 논리 등과 주로 연관이 있으며, 우반구는 왼손 감각, 음악 감상, 미술 감상, 무용, 지각, 조각, 공상 등과 관련이 있다.

좌뇌는 주로 언어적 특성이 강한 반면 우뇌는 공간적 특성이 강하다는 것을 알 수 있다. 좌뇌가 주로 분석적이라면, 우뇌는 종합적이다. 좌뇌는 추론적이고, 계획적이고, 수렴적이고, 직선적이고, 부분적이고, 객관적이고, 연속적이고, 개념적이고, 구체적이고, 의식적인 특징이 있다. 반면 우뇌는 직관적이고, 상상적이고, 확산적이고, 비직선적이고, 전체적이고, 주관적이고, 동시적이고, 시각적이고, 추상적이고, 무의식적인 특성이 있다.

그래서 좌뇌가 발달된 사람은 언어로 말하고 쓰는 것을 좋아한다, 논리적인 문제해결을 좋아한다, 언어에 의존하여 사고와 기억을 한다, 이름을 잘 기억한다, 선택형 문제를 좋아한다, 감정표현을 자제한다, 문제를 부분으로 나누어서 체계적으로 해결한다, 확실하고 분명한 정보를 선호한다는 등의 특징이 있다.

반면 우뇌가 발달된 사람은 그림 그리기나 조작하기를 좋아한다, 직관적인 문제해결을 좋아한다, 심상에 의존하여 사고와 기억을 한다, 얼굴을 잘 기억한다, 주관식 문제를 좋아한다, 감정표현을 쉽게 한다, 문제를 전체적인 패턴으로 보고 육감으로 해결한다, 예/아니오와 같은 이분법을 싫어한다는 등의 특징들이 있다.

두 대뇌반구의 정보처리 방식에 있어 차이는 분명히 있지만, 그 차이는 정도의 차이이며 분명하게 구분되는 것이 아니라는 것이 최근의 주장이다. 즉, 좌뇌가 우뇌보다 언어적 자극을 포함하는 과제를 더 잘 다루지만, 우뇌 역시 언어와 관련된 과제를 처리하며, 단지 좌뇌보다 속도가 늦고 덜 정확하다는 것이다. 좌뇌 역시 비언어적 과제를 처리하지만, 단지 우뇌보다 속도가 늦고 덜 정확하다는 것이다. 결국 우리 인간의 좌·우뇌 모두는 다양한 인간의 사고 기능을 모두 담당할 수 있는 구조로 되어 있다. 다만 스페리가 밝혀낸 것처럼 좌뇌와 우뇌에는 우세한 기능이 각각 있지만 그 차이가 다소 과장된 경향이 있다.

하지만 좌뇌와 우뇌의 구분 또는 좌뇌적 사고와 우뇌적 사고라는 표현은 우리가 창의성을 이해하는 데 도움을 준다. 대개 학교교육에서는 좌뇌적 기능과 사고를 많이 강조한다. 반면, 우뇌적 사고라고 볼 수 있는 직관, 통찰, 감정 표현 등의 측면은 학교교육에서 충분히 다루지 않는다. 따라서 우리들은 우뇌적 사고를 활용할 기회가 많지 않다. 그러나 창의적 사고를 자극하기 위해서는 우뇌적 사고와 기능을 개발하고 촉진할 필요가 있다.

우뇌 기능 촉진 활동

우뇌를 자극하고 우뇌적 사고를 촉진하는 몇 가지 방법을 정리해 보면 다음과 같다.

첫째는 좌뇌 활동을 줄이는 것이다. 우리는 좌뇌적 사고에 지나치게 의존한다. 따라서 좌뇌적 사고의 사용을 줄이는 것도 우뇌적 사고를 강화할 수 있다. 예를 들어, 하나의 중심점을 갖는 대칭 도형인 만다라를 오랫동안 묵상하면서 응시하는 활동을 하면 일시적으로 좌뇌 활동이 줄어든다. 이런 활동은 선(禪)을 하는 것과도 유사하다.

둘째는 바이오피드백(biofeedback) 훈련이다. 이것은 육체적 긴장을 풀기 위한 근육이완 훈련과 같은 활동이다. 근육이완을 간단하게 하는 방법은 온몸에 힘을 주고 한참 있다가 갑자기 힘을 빼는 것이다. 이렇게 하면 몸이 풀리는 듯 하면서 이완되는 느낌이 든다. 그리고 복식호

아인슈타인 증후군

탁월한 업적을 남긴 인물들은 모두 유아기 때 말을 시작한 것이 늦었다는 공통점을 갖고 있는 경우가 많다. 이러한 현상을 아인슈타인 증후군이라고 부른다. 아인슈타인뿐만 아니라 유명한 피아니스트 아르투르 루빈슈타인, 인도의 독학 수학천재 라마누잔, 노벨상을 받은 경제학자 게리 베커, 토크쇼 사회자 G. 고든 리디, 저명한 물리학자 리처드 페인먼, 에드워드 텔러 등이 아인슈타인 증후군을 앓았던 사람이다.

지능이 일찍 발달한 유아들 중 일부는 어린이나 성인을 위해 고안된 퍼즐을 맞출 수 있으며, 빠르게는 두 살 때 컴퓨터를 혼자 사용할 수 있는 어린이도 있다.

왜 이런 현상이 벌어지는지 확인되지 않고 있지만, 아인슈타인의 뇌를 연구한 신경과학자들은 그의 말하는 것이 늦었던 것은 뇌의 비정상적인 발달 때문이었다는 사실을 해부 결과 밝혀냈다. 분석적 사고 기능이 집중된 아인슈타인의 뇌 부위가 정상적인 영역을 크게 벗어나 이웃의 몇몇 지역으로 넘쳐들어가 있었다. 이같은 침범을 받은 영역 가운데 하나가 일반적으로 언어기능을 통제하는 부위였다.

일부 신경과학자들은 이같은 현상을 보고 아인슈타인의 천재적 능력과 말이 늦어진 것 사이에 관계가 있을 가능성이 있다고 생각했다. 여러 가지 능력 결핍이 일반인들보다 지능이 높은 사람들에게 더 많다는 사실은 이미 확인되었다.

이 모든 현상은, 뇌의 한 부위가 정상수준 이상으로 발달하여 갖가지 자원을 사용함으로써 다른 뇌 부위가 여타 기능을 발휘하는 데 필요한 자원을 정상보다 적게 사용했기 때문으로 보인다. 이러한 뇌 부위들은 뇌 전체가 성장할 때 필요한 총 자원의 양이 증가하면 비로소 성장을 따라잡아 정상적으로 발달할 수 있다.

– 세계일보, 2001. 9. 3.

흡 훈련도 같은 효과를 낸다.

셋째는 머릿속에서 자유로운 상상을 하거나 과거를 회상하는 것이다. 이것은 편안한 마음으로 한적한 숲속을 산책하는 것과 같은 상상을 하거나 편안한 자세로 과거에 자기가 살았던 집이나 어린 시절의 친구를 떠올리는 것과 같은 회상을 하는 것이다.

넷째는 왼손을 많이 쓰는 것이다. 가급적 왼손으로 전화를 받는다거나 글을 쓴다거나, 버스나 지하철에서 왼손으로 손잡이를 잡는 것이다. 왼손의 기능을 관장하는 뇌는 우뇌이기 때문에 왼손을 많이 사용하는 것은 우뇌를 자극하게 된다. 일반적으로 왼손을 쓰는 사람은 재주가 많다고 하는데, 아리스토텔레스, 알렉산더, 레오나르도 다빈치, 모차르트, 나폴레옹, 아인슈타인, 처칠, 슈바이처, 채플린 등이 왼손잡이로 알려져 있다. 그리고 포드 자동차의 창립자 헨리 포드, 마이크로소프트사의 빌 게이츠, 영화 〈타이타닉〉으로 유명한 제임스 카메론 감독 등이 모두 왼손잡이다.

다섯째는 오감각을 자극하는 활동이다. 오감각은 시각, 청각, 미각, 후각, 촉각 등이다. 이런 감각을 한 가지씩 선택하여 한 감각에 집중하여 주변 세계를 느껴보는 활동도 우뇌를 자극하는 활동이 된다.

여섯째는 공상하는 것이다. 이것은 환상의 세계에서 여행한다거나, 미래에 내가 원하는 어떤 성공을 이루었을 때를 상상해 보는 것과 같은 활동이다. 내가 되고 싶은 사람이 되었을 때 일어날 일들에 대해서 아주 기분 좋게 공상을 해보는 것이다.

일곱째는 자유연상법(free association)이다. 이것은 논리적인 연결이 없더라도 안락의자에 편안히 누워서 머릿속에서 그냥 떠오르는 생각들을 낙서하듯이 적어나가는 활동이다.

그리고 마지막으로 우뇌를 자극하는 음악을 듣는 것이다. 예를 들면 쇼팽의 〈강아지 왈츠〉라든가 알비노니의 〈아다지오〉 등이다. 매일매일 시험이나 공부와 같은 좌뇌 중심의 활동에서 벗어나 가끔 시간을 내어 위의 음악들을 즐겨 듣는 것도 우뇌를 자극하는 좋은 방법이다.

반구와 창의성

지금까지 우뇌적 사고와 기능이 창의성에 중요하다고 이야기했지만, 이것은 좌뇌에 비해 상대적으로 우뇌적 사고와 기능이 등한시되어 왔기 때문에 창의성을 발현하기 위해서 약간 강조한 면이 있다.

하지만 창의성을 비롯한 다양한 능력이 좌·우 반구 중 하나의 반구에만 집중되어 있는지를 검증한 많은 연구자들은 이러한 양뇌의 신화—언어적인 것은 좌뇌, 이미지적인 것은 우뇌—에 대한 믿음에 강력하게 반박하고 있다.

가령 음악적인 능력을 예로 들어보자. 양뇌 신화에 따르면 표현적이며 수용적인 음악적 능력은 우뇌에 집중되어 있다고 한다. 그러나 많은 연구결과에 의하면 음악의 다양한 측면들이 인간의 뇌에 다양하게 편재되어 있음을 보여준다.

즉, 음악적 능력은 다양한 개별 요소로 이루어져 있고, 이러한 요소들 중의 몇몇은 좌뇌가 더 우월하며, 다른 몇몇은 우뇌가 더 우월하다. 더욱이 음악을 '읽는' 것처럼 보다 근본적인 음악적 능력은 좌반구가 더 잘 수행한다. 베르트하이머와 보테츠(Wertheimer & Botez)는 왼쪽 뇌가 절제된 바이올린 연주가가 음악을 읽고, 편곡하고, 음의 고저를 파악하는 능력을 상실하는 것을 관찰했다. 음악적 능력을 가지고 있는 뇌 손상 환자들에 대한 연구는 좌반구가 음악적 능력에 매우 중요하다는 것을 보여준다. 좌·우뇌 모두 음악적 능력에 중요한 역할을 하지만, 각 반구가 맡고 있는 특정 음악 관련 능력은 다르다는 것이다.

시각화

때로는 좌뇌적으로 사고하는 것보다 우뇌를 활용하는 것이 더 신속하게 문제를 해결할 수 있다. 대수 문제를 기하학의 문제로 변형하는 경우가 그 예가 될 수 있다. 그것은 우뇌를 활용하는 방법 중의 하나인 시각화(visualization)를 활용하면 된다. 다음의 문제를 풀어 보라.

한 남자가 시속 3km로 흐르는 강에서 배를 젓고 가다가 강물에 모자를 빠뜨렸다. 당시 이 남자는 강물을 거슬러 시속 2km로 상류로 거슬러 노를 저어 가고 있었다. 모자를 잃어버린 지는 30분이 지났다. 그가 모자를 다시 찾기 위해 강을 따라 내려가면 모자를 다시 찾는 데 얼마나 걸릴 것인가?

이 문제에 대한 대수적 접근은 방정식을 만들기 위해 주요 파라미터들을 추출하고 미지수를 푸는 것이다. 모자가 떨어지고 시속 3km로 30분 동안 이동했으므로, 그것은 하류로 1.5km 이동했다. 반면 그 남자는 상류로 30분 동안 시속 2km로 상류로 노를 저었기에 그는 1km를 이동했다. 그래서 그 사람은 그가 모자를 잃어버린 것을 알았을 때 모자로부터 2.5km 떨어져 있다. 그는 방향을 바꾼다. 그가 상류로 시속 2km 이동하기 위해 강을 거슬러 가야 하므로 시속 5km의 힘이 필요하다. 그래서 이번에는 하류로 노를 젓는다면, 그의 전체 속도는 5+3=8km가 될 것이다. 그러는 동안 모자는 여전히 하류로 시속 3km로 이동한다. t가 모자를 찾는 데 걸리는 시간이라고 하면, 모자를 되찾는 데 걸리는 시간은 (8km/hr)t=2.5km+(3km/hr)t, 즉 사람과 모자의 거리+남자가 모자를 되찾는 동안 모자가 이동한 거리이다. 이 방정식을 풀면 t=0.5hr(30분)이다.

위와 달리 이 문제를 간단하게 푸는 방법은 우뇌를 사용하는 시각화이다. 시각화하는 사람은 이 문제를 간단한 상대주의적 방법으로 풀 수 있다. 강을 거슬러 올라가는 사람을 상상하지 말고, 빨리 달리는 기차 속에 있는 것처럼 생각해 보라. 기차가 달리는 방향과 동일하게 당신이 걸어가고 있는 동안 모자를 떨어뜨렸다고 가정하자. 걷고 있는 도중 30초가 지난 후 모자를 잃어버렸다는 것을 깨닫는다. 그러면 당신은 돌아서서 모자를 찾을 때까지 걸어가면 된다. 동일한 속도로 걷는다면 언제 모자를 찾을까? 당연히 30초이다. 따라서 위의 문제도 복잡하게 생각할 것 없이 30분이 지났으므로 30분 후면 모자를 찾을 수 있는 것이다. 이러한 방식으로 우뇌를 적극 활용하는 기하학의 문제로 대수 문제를 변형하여 쉽게 문제를 해결한 사람으로는 노벨상을 받은 물리학자 페인먼(Feynman)을 들 수 있다.

따라서 좌반구 또는 우반구의 손상이 창의적 행동이나 사고에 미치는 영향을 검토해 보는 것은 그러한 신화의 진위를 판별하는 가장 좋은 방법이다. 만약 창의성이 우뇌와 연관되어 있다면 우뇌를 손상 당한 사람은 창조적 행동이나 사고에 손상을 받을 것이며 그 반대도 동일할 것이다.

가드너(Gardner)는 뇌손상이 음악가와 화가, 작가들의 창의성에 미치는 영향을 살펴보았다. 그는 우뇌의 손상이 창조적 행동을 선택적으로 손상시키지 않는다고 결론지었다. 좌뇌와 우뇌 어느 쪽에서의 손상도 음악적 능력을 손상시킬 수 있지만 우반구의 손상은 좌반구의 손상보다 음악적 능력을 더 손상시키기 쉬우며, 좌반구의 손상은 우반구의 손상보다 문학적 창의성을 좀더 손상시킬 뿐이다. 즉, 창의성은 좌 · 우뇌의 한 영역에 집중되어 있지 않으며, 오히려 어떤 분야(예를 들어, 음악, 미술, 문학 등)의 기본적 인지 능력을 담당하고 있는 뇌의 영역이 손상될 때, 그에 따라 그 분야의 창의성은 손상되는 것이다.

좌 · 우뇌의 손상이 미술 능력(드로잉과 채색)에 미치는 영향에 대한 연구도 창의성이나 미술이 뇌의 어느 한 부분에 집중되어 있지 않음을 보여준다. 미술 교육을 받지 않은 개인에게 좌뇌 또는 우뇌의 손상은 그림 그리기 능력을 손상시킨다. 좌뇌 또는 우뇌에 손상을 입은 화가의 사례연구는 좌 · 우뇌 모두 창의성 및 미술능력과 관련 있음을 보여준다.

두 대뇌반구의 정보처리 방식에 있어 차이는 분명히 있지만, 그 차이는 생각보다는 작고 분명하게 구분되는 것이 아니라는 것이 보다 더 최근의 주장이다. 뇌는 상당할 정도로 복잡한 기관이고, 따라서 상위의 인지적 기능(예를 들어 통합적 사고, 계획, 경영, 예술, 과학 등등)이 뇌의 특정 부분에 편재되어 있다고 생각하는 것은 잘못된 것이다.

이러한 단순한 사고는 명확한 증거 제시도 없이, 다양하고 모호한 행동들이 뇌의 특정 영역에 편재되어 있다고 주장한 1800년대의 골상학이라는 사이비 과학의 잔재물이다. 예를 들어 희망은 뇌의 측두엽에 위치하고 있고, 우정은 두정엽에 위치하고 있다는 것 등이다. 이러한 단순 사고와 양뇌 신화간에는 어떠한 차이도 없는 것이다.

뇌의 사용에 대한 자기 진단

지금까지 오랫동안 학교교육을 받아온 여러분들은 좌뇌를 많이 사용하는 사람일까? 아니면 우뇌를 많이 사용하는 사람일까?

자신이 우뇌적 사고를 많이 하는 사람인지 좌뇌적 사고를 많이 하는 사람인지 평가해 볼 수 있는 진단척도가 있다. 그것은 뇌 선호도 진단검사(BPI: Brain Preference Indicator)라는 것이다. 각자 질문 문항에 응답을 하고 채점해 보라. 채점 결과를 보면 자신이 좌뇌적 사고를 많이 하는지 우뇌적 사고를 많이 하는지 알 수 있다.

이 검사 문항에 응답할 때에는 질문을 너무 심각하게 생각하지 말고 읽어본 다음 조금이라도 자신에게 가까운 쪽이라고 생각하는 곳에 바로 답을 하면 된다. 한 질문에 대해서 너무 깊게 생각할 필요는 없다는 것이다. 그리고 이 질문들에는 정답이 없다.

뇌 선호도 진단검사(BPI)

1. 당신은 문제를 해결해야 할 경우 어떻게 하는가?

   ① 산책하면서 곰곰이 해결방안들을 생각해 낸 다음 그것들에 대해 토론한다.

   ② 모든 가능한 대안들을 생각해 내어 적고 그것들의 우선순위를 매긴 다음 제일 좋은 것을 고른다.

   ③ 성공적이었던 과거 경험을 되살려서 그것을 실행한다.

   ④ 자연스럽게 사태가 호전되는 것을 기대하며 지켜본다.

2. 공상에 빠지는 것은?

   ① 시간 낭비다.

   ② 즐거우며 긴장을 풀어준다.

   ③ 문제해결과 창조적 사고에 도움을 준다.

   ④ 나의 미래 계획을 세우는 데 유용한 수단이 된다.

3. 아래의 얼굴 그림을 얼른 보라. 얼굴은 웃고 있는가?

   ① 예   ② 아니오

4. '감'(예감)에 대해 당신은 어떻게 생각하는가?

   ① 자주 강한 예감을 느끼며 그것에 따른다.

   ② 강한 예감을 느끼긴 하나 의식적으로 그것에 따르진 않는다.

   ③ 때로는 예감을 느끼나 그것을 많이 믿지는 않는다.

   ④ 중요한 결정을 내리기 위해 예감에 의존하고 싶지는 않다.

5. 평상시 당신의 행동에 대해 생각해 본다면, 당신은 어떠한 유형이
   라고 생각하는가?

   ① 내가 해야 할 일, 만나야 할 사람들의 목록을 만든다.

   ② 내가 갈 곳, 만날 사람, 할 일을 마음 속에 그린다.

   ③ 그냥 일들이 되어가는 대로 따라간다.

④ 각각의 할 일과 활동에 대한 적절한 시간 계획을 세우면서 하루 일과표를 짠다.

6. 당신은 물건을 일정하게 두는 장소를 정하며, 일을 할 때 언제나 정해진 방식대로 하며, 정보나 자료를 정리하는 타입인가?

① 예   ② 아니오

7. 당신은 가구를 옮기고, 집이나 사무실의 장식을 바꾸기를 좋아하는가?

① 예   ② 아니오

8. 다음에서 당신이 좋아하는 것들에 모두 표시(∨)하라.

__1) 수영   __2) 테니스   __3) 골프

__4) 야영/도보여행   __5) 스키   __6) 낚시

__7) 노래부르기   __8) 정원 가꾸기   __9) 악기 연주

__10) 집안 꾸미기   __11) 바느질/뜨개질   __12) 독서

__13) 미술/공작   __14) 요리   __15) 사진찍기

__16) 그냥 빈둥거림 __17) 여행   __18) 자전거 타기

__19) 수집   __20) 글쓰기   __21) 장기/바둑

__22) 카드놀이   __23) 도박   __24) 몸짓놀이

__25) 춤추기   __26) 걷기   __27) 달리기

__28) 껴안기   __29) 입맞춤   __30) 신체 접촉

__31) 잡담하기   __32) 토론하기

9. 운동과 춤을 배울 때 어떤 방법이 좋은가?

① 음악이나 게임의 감에 맞춰 적당히 흉내내며 배운다.

② 순서를 잘 익혀 단계들을 마음 속에서 반복하며 배운다.

10. 여러 사람 앞에서 운동을 하거나 연극을 할 때, 연습 때 익힌 실력이나 그 이상 힘을 발휘하는 일이 자주 있는가?

　　① 예　　　　　② 아니오

11. 당신은 말로 자신을 잘 표현하는가?

　　① 예　　　　　② 아니오

12. 당신은 모든 일에 목표를 세워서 하는가?

　　① 예　　　　　② 아니오

13. 지시사항, 이름, 새로운 뉴스 등을 기억하려고 할 때 어떻게 하는가?

　　① 정보를 마음 속에서 그려본다.

　　② 메모하거나 기록한다.

　　③ 입으로 몇 번이고 되뇌인다.

　　④ 과거의 정보와 관련지어 기억한다.

14. 당신은 사람의 얼굴을 잘 기억하는가?

　　① 예　　　　　② 아니오

15. 당신은 말을 할 때?

　　① 낱말을 멋있고 아름답게 꾸며 한다.

　　② 은유적인 표현을 자주 사용한다.

　　③ 정확하고 적절한 표현을 선택한다.

16. 다른 사람과 이야기할 때, 어떤 쪽이 편안한가?

　　① 듣는 쪽　　② 말하는 쪽

17. 논쟁이 벌어질 때,

① 나의 주장이 관철될 때까지 말한다.

② 나의 주장을 뒷받침해 줄 수 있을 듯한 권위자를 찾는다.

③ 뒤로 물러나 앉는다.

④ 의자나 탁자를 밀거나 더욱 큰소리를 친다.

18. 시계를 보지 않고도 시간이 얼마나 지났는지 정확하게 맞힐 수 있는가?

① 예   ② 아니오

19. 당신은 다음의 사회적 상황 중 어떤 상황을 좋아하는가?

① 미리 계획된 상황   ② 즉흥적인 상황

20. 새로운 일이나 어려운 일에 대비할 때 어떻게 하는가?

① 그 일을 효율적으로 처리하고 있는 자신의 모습을 마음 속에 그린다.

② 비슷한 상황에서 과거에 성공한 경험을 기억해 낸다.

③ 그 일에 관한 광범위한 자료를 수집한다.

21. 혼자서 일하는 것이 좋은가, 여럿이 모여서 일하는 것이 좋은가?

① 혼자   ② 여럿이 모여서

22. 규정을 어기거나 또는 회사의 방침을 바꿔야 하는 것에 대해서 어떻게 생각하는가?

① 규정과 방침에 따라야 한다.

② 기존 체제에 대한 도전은 새로운 진보를 낳을 수 있다.

③ 규정과 방침은 변경되기 위해 존재한다.

23. 수학(산수)과목에서 다음 중 어느 것이 더 좋은가?

　　① 계산문제　　② 도형문제

24. 글자를 쓸 때 연필을 어떻게 잡는가?

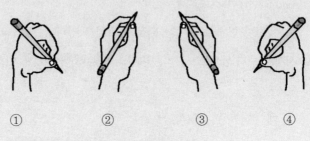

　　①　　　　　　②　　　　　　③　　　　　　④

25. 필기할 때 정자체로 쓰는 편인가?

　　① 예　　　　　　② 아니오

26. 어떤 경우에 손짓이나 몸짓을 하는가?

　　① 요점을 강조하기 위해서

　　② 느낌이나 감정을 표현하기 위해서

27. 어떤 결과가 맞거나 옳음을 육감적으로 느끼는가, 아니면 어떤 정

　　보에 기초하여 결정을 내리는가?

　　① 육감적으로　　② 정보에 기초하여

28. 모험하기를 좋아하는가?

　　① 예　　　　　　② 아니오

29. 뮤지컬 관람 후,

　　① 음악의 여러 부분을 흥얼거릴 수 있다.

　　② 배우가 한 말들을 기억할 수 있다.

30. 연필을 잡고 연필 잡은 손을 몸 앞으로 뻗어라. 연필이 마루에 수직이 되도록 하여 눈앞에 위치한. 조금 떨어져 있는 액자, 흑판, 문 등의 세로 선과 맞추어라. 그대로 하고 왼쪽 눈과 오른쪽 눈을 교대로 감아라.

① 왼쪽 눈을 감았을 때 연필이 움직이는 것같이 보였다.

② 오른쪽 눈을 감았을 때 연필이 움직이는 것같이 보였다.

③ 두 경우 모두 움직이는 것같이 보였다.

31. 편안한 자세로 앉아 손을 깍지 지어 무릎 위에 놓아라. 어느 쪽 엄지손가락이 위로 가는가?

① 왼쪽   ② 오른쪽   ③ 양쪽 나란히

32. 보디 랭귀지(몸짓으로 의사 표시하는 것)에 대해서 어떻게 생각하는가?

① 보디랭귀지에 대해서는 별로 의식하지 않고 상대가 말하는 것에만 귀를 기울인다.

② 다른 사람의 보디랭귀지를 잘 읽는다.

③ 사람의 말도, 또 그들이 사용하는 보디랭귀지도 잘 이해한다.

33. 기분이 자주 변하는가?

① 예   ② 아니오

34. 자신에게 해당된다고 생각되는 항목을 모두 선택하라.

① 계약서, 매뉴얼, 법률 문서 등의 내용을 잘 파악하는 편이다.

② 모형이나 그림, 도식 등을 잘 이해할 수 있다.

③ 소설을 읽을 때 등장인물, 장면, 줄거리를 선명하게 마음 속

에 그려낼 수 있다.

④ 친구가 방문하기 전에 미리 전화해 주기를 원한다.

⑤ 전화로 잡담하는 것을 싫어한다.

⑥ 여행할 때 미리 세세한 사항을 계획하고 정리해야 편하다.

⑦ 다른 사람에게 전화하는 것을 자주 미룬다.

⑧ 사전에서 단어(낱말)나, 전화번호부에서 이름을 잘 찾는다.

⑨ 재미있는 말장난을 좋아한다.

⑩ 회의나 공부시간에 필기를 많이 한다.

⑪ 긴박한 상황에서 기계를 조작해야 할 때에는 매우 긴장한다.

⑫ 아이디어가 종종 어디선지 모르게 떠오른다.

35. 회의에서 즉흥적으로 얘기하도록 요청받았을 때 당신은?

① 재빨리 무엇을 얘기할지 정리한 다음 말한다.

② 바로 얘기하기 시작한다.

③ 다른 사람에게 주의를 돌리고 가급적 얘기하지 않으려 한다.

④ 천천히 그리고 신중하게 얘기한다.

〈채점 및 평가〉

먼저 여러분이 응답한 결과에 따라 다음의 채점표에 근거하여 점수를 부여하여 합산하라. 예를 들어 1번 문항에서 3에 답했다면 3점, 4에 답했다면 9점이 된다. 그리고 8번과 34번의 경우에는 자신이 체크한 문항의 해당 점수를 다음의 표에서 찾아 합산하면 된다.

뇌선호도 진단검사(BPI) 채점표

NO	①	②	③	④	NO	①	②	③	④
1	①-7	②-1	③-3	④-9	15	①-0	②-5	③-1	
2	①-1	②-5	③-7	④-9	16	①-6	②-3		
3	①-3	②-7			17	①-1	②-6	③-9	④-4
4	①-9	②-7	③-3	④-1	18	①-1	②-9		
5	①-1	②-7	③-9	④-3	19	①-1	②-9		
6	①-1	②-9			20	①-9	②-5	③-1	
7	①-9	②-1			21	①-3	②-7		
8	1)-9	2)-4	3)-4	4)-7	22	①-1	②-5	③-9	
	5)-7	6)-8	7)-3	8)-5	23	①-1	②-9		
	9)-4	10)-3	11)-3		24	①-1	②-7	③-9	④-3
	12)-3	13)-5	14)-5		25	①-1	②-9		
	15)-3	16)-9	17)-5		26	①-2	②-8		
	18)-8	19)-1	20)-2		27	①-9	②-1		
	21)-2	22)-2	23)-7		28	①-7	②-3		
	24)-5	25)-7	26)-8		29	①-9	②-1		
	27)-8	28)-9	29)-9		30	①-8	②-1	③-5	
	30)-9	31)-4	32)-2		31	①-1	②-9	③-5	
9	①-9	②-1			32	①-1	②-7	③-5	
10	①-9	②-1			33	①-1	②-1		
11	①-1	②-7			34	①-1	②-7	③-9	④-4 ⑤-3
12	①-1	②-9				⑥-1	⑦-7	⑧-1	⑨-3 ⑩-1
13	①-9	②-1	③-3	④-4		⑪-3	⑫-9		
14	①-7	②-1			35	①-1	②-6	③-9	④-4

마지막으로 모두 합산한 후에는 합산 점수를 여러분이 체크한 답안의 수로 나누어라(답안의 숫자는 8번과 34번 질문이 많은 수의 항목을 차지하고 있기 때문에 개인에 따라 다를 것이다). 예를 들면 만약 40개의 답안에 합한 총점이 300이면 여러분의 뇌 선호도(BPI)는 300/40=7.5가 될 것이다.

만일 여러분의 뇌 선호도가 3 이하면 좌뇌가 우세하고, 7 이상이면 우뇌가 우세하다. 그리고 4~6 사이라면 양쪽 뇌가 조화롭게 발달한 균형 있는 사람이다.

창의적인 사람들의 특성

창의적인 사람은

일반인과 특별하게

구분되는 특성을

지니는 것은 아니다

창의적인 사람은 어떤 특징을 가지고 있을까? 어떤 성장 과정을 거칠까? 지능이 높아야 창의적일 수 있을까?

이 장에서는 이런 의문들에 대한 해답을 찾고자 한다. 즉, 창의적인 사람들의 발달적 특성, 지능과 창의성의 관계, 창의적인 사람들의 성격 특성에 대한 다양한 연구결과들을 소개하고자 한다.

창의적인 사람의 발달적 특성

연구에 의하면, 역사적으로 매우 창의적인 업적을 남긴 사람들은 어린 시절(아동기나 청소년기)에 다음과 같은 특징이 있다.

첫째, 이 기간 동안 이들은 대개 사물에 대한 상당한 호기심을 가지고 있었고 또한 호기심을 구체적으로 충족시키기 위한 결단력도 함께 지니고 있었다. 가드너에 따르면 아인슈타인도 어릴 때 가졌던 의문(호기심)에 대한 답을 평생 동안 찾아나간 결과 상대성의 원리를 제시하게 되었다고 한다. 즉, 아인슈타인은 어른이 되면 생각하지 않는 것들을 자신은 어른이 되어서 생각했기 때문에 상대성 이론을 발견하게 된 것 같다고 했다. 창의적인 사람이 되기 위해 가장 필요한 것은 높은 지능이 아니라 강렬한 호기심이라는 데 모든 학자들이 동의한다. 이러한 호기심은 남들이 보지 못하는 것을 볼 수 있도록 해줌으로써 새로운 문제를 발견할 수 있게 된다.

둘째, 호기심을 갖게 되는 데 있어서 중요한 역할을 한 사람은 대개 부모였다. 그래서 지적이고 문화적인 자극을 제공해 주는 사람으로서 부모의 역할이 많이 부각된다. 부모들은 아이들의 요구를 거의 받아들였으며 그들이 관심과 강점을 나타낼 때 그들을 지지하고 격려했다. 그리고 아이들이 관심을 가지는 분야에 집중할 수 있는 분위기를 조성해 주었다. 창의적인 사람들의 공통점 중의 하나가 뛰어난 집중력이다. 아인슈타인은 방해받지 않고 몇 날 며칠을 같은 문제에 집중할 수 있었다. 이러한 집중력과 관련하여 칙센트미하이는 10대에는 자신만의 시간을 가지는 것이 중요하다고 했다. 그는 여러 분야에서 창의적인 성과를 낸 당대의 인물들을 조사하면서 나타난 특징 중의 하나가 그들이 10대에는 특별히 기억나는 것이 없다는 것이었다. 그리고 대체로 다른 사람들과 잘 어울리지 못하고, 소외되어 있었고, 남들과 달랐고, 그저 다른 아이들을 멀리서 관찰했던 기억들이 더 많았다. 이에 대해 칙센트미하이는 어릴 때 강한 호기심과 특정 분야나 주제에 집중하면서 자신만의 세계를 구상할 수 있었던 경험이 이후 창의성을 발휘하는 데 매우 중요한 역할을 했을 것으로 보았다.

셋째, 출생순위에 있어서 첫째 아이인 경우가 상당히 많다. 아직 논란의 여지가 있기는 하지만 융합모델로 설명을 하는 학자들이 있다(박스의 융합모델 참조).

넷째, 특이한 현상이긴 하지만, 창의적 인물들은 10대가 되기 전에 부모 중 한 사람, 특히 부친이 사망한 경우가 많다. 열 살이 되기 전에 부모 중의 한 명이 사망하는 경우가 흔한 일은 아니지만, 창의적 인물들의 경우에는 4명 중 1명꼴로 부모 중의 한 사람, 특히 아버지가 일찍 사망한 경우가 많다. 이러한 사실과 관련하여 일찍이 샤르트르는 아버지가 아들에게 줄 수 있는 가장 큰 선물은 일찍 죽는 것이라고 농담 삼아 이야기한 적도 있다.

이에 대한 한 가지 설명은 프로이트 이론에서 찾을 수 있다. 남아는 4~6세경에 오이디푸스 콤플렉스를 경험하는데, 이 콤플렉스를 원만하게 잘 극복하면 아이는 아버지와 자신을 동일시(identification)하는 단계로 넘어간다.

그런데 이때 아버지를 여의게 되면 동일시할 수 있는 대상이 없어지게 되어 사회의 규범이나 문화, 가치, 태도 등을 수용할 통로가 없어진다. 따라서 성인이 되어서도 사회의 규범이나 가치로부터 자유로울 수 있고, 그러한 제약으로부터 벗어날 수 있는 가능성이 훨씬 더 크다고 볼 수 있다. 이러한 견해는 3장 창의성에 대한 오해에서 보았듯이 20세기 중반까지는 강력했다.

마지막으로, 성인기에 있어서도 창의적인 인물들은 대개 최소한 1명 이상의 정서적 · 인지적 지지자가 있었다. 창의적인 인물들의 전기나 자서전을 보면, 자신의 활동이나 업적에 대해서 인정해 주고 그것의 중요성과 의미를 제대로 인식하는 인지적 지지자들과, 자신이 외롭고 힘들고 어려울 때 정서적으로 지지해 주고 함께해 준 정서적 지지자들이 있었다. 또한 이들에게는 특별하게 영향을 미친 스승이 있었다.

연령과 창의성

창의력이 태어나면서부터 나이가 들어감에 따라 계속 증가하는 것인가, 변함없이 유지되는 것인가, 아니면 점차 감퇴하는 것인가도 관심거리이다.

이러한 관심과 관련하여 두 가지 상반되는 주장이 있다. 감소모델과 증가모델이 그것이다. 감소모델은 나이가 점점 들어가면 창의력이 감소하며, 열 살 어린 아이의 창의력과 50세 성인의 창의력을 비교해 보면 50세 성인의 창의력이 더 낮다는 주장을 한다. 반면, 증가모델은 나이가 점점 들어가면서 창의력이 증가한다고 주장한다. 하지만 아직 분명한 해답은 나오지 않고 있다.

창의성이 연령과 함께 증가하느냐 감소하느냐의 논의는 구체적으로는 창의성이 가장 꽃피는 시기가 언제인가에 대한 논의와 직접적으로 연결된다. 이에 대해서도 학자들 간에 의견이 다른데, 어떤 학자들은 아동기가 가장 창의적인 시기라고 주장하고, 또 다른 학자들은 성인 초기, 즉 2~30대가 가장 창의력이 꽃피는 시기라고 주장한다.

아동기라고 주장하는 관점은 어린 아이의 사고는 매우 독창적이어서 너무나도 기발한 아이디어들을 많이 생각해 낸다는 것에 기초하고 있다. 그래서 어른들은 새로운 아이디어를 내려고 할 때, "어린 아이들의 세계로 돌아가자", "꿈의 세계로 돌아가자"는 얘기들을 많이 한다. 그 이유는 아동기가 가장 창의적인 시기이며, 논리, 법칙, 규범, 기존 질서와 가치의 영향을 받지 않는, 즉 일반 사회의 공통적인 생각의 틀이나 고정관념에 거의 영향을 받지 않는 순수한 시기이기 때문이다. 무한한 상상력이 있는 시기이기 때문에 아동기가 가장 창의력이 높은 시기이며, 이후부터 공식적인 학교교육을 받고 사회의 가치나 규범을 점차 내면화하게 되면서 창의력은 점점 감소한다고 주장한다.

반면, 성인 초기가 가장 창의적인 시기라고 보는 관점은, 실제적으로 역사상 창의적인 업적을 남긴 사람들의 연령대를 비교해 보면 가장 많은 시기가 2~30대였다는 것에 기초하고 있다. 그래서 창의성과 연령 간에는 역 J자형의 관계가 있다고 주장한다. J자를 거꾸로 뒤집어 놓으면 중간 부분에서는 상당히 증가했다가 그 이후로는 점차 감소하는 모양을 보인다.

창의적인 업적을 남긴 연령대를 분야별로 좀더 구체적으로 비교해 보면, 과학이나 수학 분야에서는 2~30대가 가장 많았고, 역사나 철학 분야에서는 5~60대가 가장 많았다. 그래서 분야마다 창의성이 꽃피는 시기가 다르다는 것을 알 수 있다. 가령 철학의 경우는 오랜 기간의 지식과 경험을 통해서 창의적인 성과를 낼 수 있을 것이다. 결국, 분야마다 창의성이 정점에 이르는 시기는 다양하다고 볼 수 있다.

지능과 창의성

지능과 창의성은 별개의 개념이기에 둘 간에는 서로 상관이 없다는 견해와 밀접한 관련이 있다는 상반된 주장이 있다. 하지만 지능 수준이 낮은 사람들에게서 놀랄 만한 창의적인 성과가 나온 경우가 드물다는 점에서 지능과 창의성 간에는 관계가 있는 것으로 보인다.

창의적인 인물들의 전기를 분석한 왈버그와 자이서(Walberg & Zeiser)는 이들의 가장 공통적인 심리적 특성은 다름 아닌 지능이라고 했다. 사이몬턴(Simonton)도 유사한 결론에 도달했는데, 지능이 높을수록 자신의 두뇌에는 다양한 아이디어, 상징, 이미지, 소리, 문구, 추상적인 개념 등이 더 많이 있을 뿐만 아니라 이들 간의 새로운 연합을 형성할 가능성이 더 커진다는 것이다. 배런(Barron)은 지능지수와 창의성 간에는 0.40 정도의 상관관계가 있다고 했다.

과거에는 지능을 하나의 통합된 지적 능력이라는 단일지능 개념으로 이해했다. 이를 대표하는 관점이 스피어만(Spearman)의 'g'(general) 요인이다. 인간의 지능은 일반적인 단일화된 하나의 요인으로 볼 수 있고 단일요인에 의해서 지능지수가 결정된다고 본 것이다.

단일지능의 관점에서는 지능과 창의성 간에 특별한 관계가 있다고 본다. 그러한 관점 중의 하나가 역치이론인데, 이 이론에서는 IQ 120을 임계치로 하여 그 이하에서는 IQ가 높을수록 창의력도 높지만, IQ 120 이상에서는 지능과 창의성 간에는 아무런 관련이 없다고 한다.

어른이 되어서 성공한 사람 317명을 조사한 한 연구는 이들 중 2/3가 어릴 적에 천재성을 전혀 보이지 않았음을 보여주며, 20세기를 바꾼 11명의 천재를 연구한 가드너의 연구도 이들 중 피카소 한 사람만이 20살 이전에 천재 소리를 들었다는 사실을 보여주고 있다.

하지만 오늘날의 지능 연구자들은 단일지능 관점보다는 다중지능 관점을 더 인정하고 있으며, 인간의 지적 능력은 생각보다 훨씬 더 다양하다고 보는 견해가 최근의 경향이다. 즉, 인간의 지능은 단순히 IQ 검사(주로 언어, 수리, 공간지각능력 등을 측정하는 검사)로만 측정되는 것 이상이라고 본다. 이러한 관점을 대표하는 두 학자가 가드너와 스턴버그이다.

가드너는 다중지능 이론을 최초로 제안한 교육심리학자로서, 인간의 지능은 7가지 지능으로 구별될 수 있다고 했다. 언어적 지능, 논리수리적 지능, 음악적 지능, 공간적 지능, 신체운동적 지능, 개인간 지능, 개인내 지능이 그것이다. 그런데 가드너의 7가지 지능 중에서 첫 두 개인 언어적 지능과 논리수리적 지능은 단일지능에서 IQ를 검사할 때 많이 측정하는 것으로 학업지능에 가깝다고 볼 수 있다.

가드너는 언어적 지능이 뛰어난 사람의 예로는 T. S. 엘리엇, 논리수리적 지능이 뛰어난 사람으로는 아인슈타인, 음악적 지능이 뛰어난 사람으로는 스트라빈스키, 공간적 지능이 뛰어난 사람으로는 피카소, 신체운동적 지능이 뛰어난 사람으로는 무용가인 마사 그레이엄 또는 무하마드 알리를 들고 있다. 그리고 개인간 지능이 높은 사람으로는 간디, 개인내 지능이 높은 사람으로는 프로이트를 들고 있다.

스턴버그도 인간의 지능은 3가지 요소로 구성되어 있다고 하는 삼원이론을 제안했는데, 요소적 지능(분석적 지능), 경험지능(창의적 지능), 실용지능(맥락지능)이 그것들이다.

이와 같이 지능에 대한 요즘의 관점은 과거의 단일지능 관점과는 많은 시각 차이를 드러내고 있지만, 다중지능의 관점에서 보더라도 지능과 창의성 간에는 특별한 관련이 없는 것처럼 보인다.

사실상 창의적인 성과를 산출하는 데에는 지능 같은 인지능력 이외에 다른 요소의 영향이 더 크다고 볼 수도 있다. 다음 장에서 보게 될 열정과 내적 동기 같은 동기적 요소들이 지능과 같은 인지능력만큼이

심리학자 카텔(Cattell)은 지능을 '유동지능'(FI: fluid intelligence)과 '결정화된 지능'(CI: crystalized intelligence)으로 구분했다. 유동지능은 교육 여부와는 상관없이 생리적·유전적 요인에 의해 결정되는 지능인데, 15세까지 매우 급격히 발달하다가 그 이후에는 서서히 감소한다. 유동지능은 주로 많은 다른 능력에 영향을 주는 일종의 일반 요인(general factor)으로서 기능하며, 생소한 과제를 해결할 때 필요한 능력이다.

반면에 결정화된 지능은 학습이나 경험에 의해 형성되며, 특정한 영역에서의 특기와 관련된 능력으로, 학업성취검사에 의해 측정되는 경우가 많다.

유동지능에 속하는 능력에는 기억력, 장 독립성, 수리추론, 순차추론, 도형추론, 사고속도, 빠진 곳 찾기 등이 있고, 결정화된 지능에 속하는 능력에는 예술적 안목, 단편적인 지식, 상식, 이해력, 어휘력, 계산능력, 동작성, 사회적 기술 등이 있다.

최근 일부 학자들은 유동지능과 결정화된 지능의 구별이 언어의 개입 여부에 따라 이루어지는 것은 아니고, 유동지능은 주로 추리능력과 기억능력에 기초한 능력이고, 결정화된 지능은 주로 지식과 유창력에 기초한 능력이라고 주장하기도 한다.

나 중요한 요소일 수 있다는 것이다.

결론적으로 말하면, 지능과 창의성의 관계는 아직 분명하지는 않지만, 보통 사람들이 생각하듯이 창의성은 지능이 아주 높은 사람들에게서만 나타날 수 있는 것이라는 생각은 분명 잘못된 것이다. 지능과 창의성의 관계는 일반 사람들이 생각하는 만큼 그렇게 높은 상관관계를 보이지도 않으며, 창의성이 발현되기 위한 어마빌레의 3요소에도 지능은 포함되어 있지 않다.

다음 장에서 보겠지만, 특정한 분야에 대한 지식과 경험이 쌓이고, 창의적으로 사고할 수 있는 기술을 키우고, 자신이 하는 일에 대해 열정과 내적 동기를 가지면 창의적인 성과가 나올 가능성이 커진다.

성격과 창의성

먼저 한 비운의 천재 사례를 보자.

… 방금 들어온 학생은 가느다란 몸매에 갸름한 얼굴을 하고 예리한 듯하면서 반짝이는 눈빛을 가지고 있었다. 다른 학생과 마찬가지로 그는 의자에 다소곳이 앉았으며 약간 긴장한 모습이었다. 미리 제출된 교사들의 평가서에는 다음과 같은 여러 의견이 적혀 있었다.

"대단히 점잖고 순진함이 넘치고 좋은 자질을 가지고 있다. 그러나 이 학생에게는 뭔가 기묘한 데가 있다."

"성질은 나쁘지 않으나 독창적이고 색다른 데가 있으며 논의를 좋아한다. 다만 가끔씩 친구들을 놀리는 버릇이 있다."

"색다른 행동 때문에 친구들에게 따돌림받고 있고 야심과 독창성의 허울을 쓰고 있다. 하지만 수학에는 뛰어나다."

"영리하다는 것은 이제는 전설일 뿐 우리는 그를 신용하지 않는다. 열성을 나타낼 때라도 주어진 과업을 보면 건방지고 엉뚱한 것뿐이고 끊임없이 마음을 산란하게 해서 교사들을 곤란하게 만든다."

"참을 수 없을 만큼 독창성을 꾸며대고 구원하기 어려울 만큼 건방지다. 그가 하는 것이라곤 교사를 낭패감에 빠뜨리고 문제만 일으킬 뿐이다. 그러나 수학에 번쩍이는 능력이 있다. 수학을 공부한다면 대성할 가능성도 있다."

이것을 본 시험관은 보통 자기학교 학생들에게는 관대한 평가를 내리는 것이 일반적인데 너무 심한 평가를 내린다고 생각하면서도 '수학이 뛰어나다' '수학에 번쩍이는 능력'이라는 문구가 마음에 걸렸다. 그래서 구술시험에서 그 시대로서는 제법 어려운 수학문제를 내보기로 했다.

"학생은 2차방정식에서 근과 계수의 관계에 대해 말해 보아라."

학생은 '가소로운 듯이' 피식 웃더니 무어라고 중얼거렸다. 대답을 미처 잘 알아듣지 못한 시험관은 다시 한 번 발표할 것을 요구했다.

"말을 천천히, 또렷하게 하고 칠판에 나가서 구체적으로 쓰면서 설명하게!"

학생은 잠시 망설이더니 칠판 앞으로 걸어가서 분필을 쥐고 빠른 속도로 뭔가를 써 내려가다가 손에 너무 힘을 준 탓에 분필이 부러져 버렸다. 그런데다 조금 전에 쓴 글자는 휘날려 쓰고 글씨체 또한 너무 엉망이어서 시험관은 도대체 무슨 글자인지 분간을 하기 어려워 다시 한 번 물었다.

"이봐 학생, 좀더 천천히 구체적으로 설명해 보게."

그러자 그는 약간 화가 난 듯이 '2차방정식과 3차방정식 그리고 n차 방정식의 관계'에 대해 '횡설수설'하더니 이것은 자기가 이미 해결한 바로 5차 방정식의 해법이라고 했다.

시험관은 기가 찼지만 평정심을 잃지 않으려고 노력했다. 방정식의 해법에 있어서 특히 5차 방정식의 해법은 어렵기로 정평이 나 있고, 수학 역사상 가장 천재라고 일컬어지는 가우스조차도 해결하지 못하여 겨우 '복소수 안에 답이 있다'는 존재성만을 해결한 문제가 아닌가? 그것만으로도 너무나 유명해 '대수학의 기본정리' 라는 이름으로 불리고 있지 않은가? 그 후로 아직도 그 근처에도 간 사람도 없는데 2차 방정식의 해법도 몰라 칠판 앞에서 쩔쩔매는 녀석이 5차 방정식을 운운하니까 하도 기가 차서, "야, 이 녀석아, 질문한 문제나 똑바로 대답해" 하고는 자신의 유식함으로 5차 방정식의 해법에 대해 설교를 조금 하자 그 녀석이 하는 말이 걸작이었다.

"우리나라 최고 대학의 교수라는 작자가 그 정도밖에 안되시오?"

"......"

"그게 말이 된다고 생각하오. 당신 정말 교수 맞소? 참 한심하오."

그 말을 들은 시험관은 너무 화가 나서 버럭 고함을 질렀다.

"묻는 말이나 대답해, 이 한심한 녀석아!"

그러자, 이 녀석은 얼굴이 벌겋게 붉어지면서 입술을 깨물더니 순간적으로 가지고 있던 분필 지우개를 시험관을 향해 힘차게 던져버렸다. 불행하게도 분필 지우개는 시험관의 얼굴에 정통으로 맞았다. 깜짝 놀라 당혹해하는 순간 그 녀석은 문을 힘껏 열더니 꽝 소리를 내며 나가 버렸다.

시험관은 화가 머리끝까지 났지만 냉정하게 평가서를 썼다.

"질문에서 본 시험관에게 전혀 답을 하지 못한 학생은 이 학생뿐이다. 이 학생은 절대로 아무것도 모른다. 보고서에는 이 학생은 비범한 수학적 재능을 갖고 있다고 쓰여 있지만 이건 아주 놀랄 일이다. 실제로 시험을 해 본 결과 거의 지력이라고 할 만한 것은 하나도 없었다."

"단지 괴상한 논리를 폈으므로 지적으로 부족한 교사들이 그의 말 장난에 놀아났을 뿐이다."

그리하여 그는 프랑스 최고의 수학과가 있는 파리공과대학(에콜 폴리테크니크) 시험에 두 번째로 낙방했고, 방황하다가 20년 7개월의 젊은 나이에 하찮은 일로 결투를 벌이다 총에 맞아 죽었다.

그는 죽기 전날 '시간이 없다, 시간이 없다' 는 말을 중간중간에 삽입하면서 60페이지 가량의 논문을 휘날려 썼고 그의 친구 슈발리에에게 편지로 부탁했다.

"친구여, 이 논문은 대단히 중요한 논문이라네. 비록 정신없이 갈겨 썼지만 이 논문을 야코비(Jacobi)나 가우스(Gauss)에게 전달하여 평가받게 해주게."

"이 증명이 몇 가지를 덧붙여야 끝낼 수 있지만 나에게는 지금 그럴 시간이 없다네."

"현재로는 단지 이 논문이 매우 쓸모가 있다는 사실을 누군가 발견해 주기를 바라는 마음뿐이라네."

논문은 40여 년의 세월이 흐른 뒤 수학자 조르단에 의해 겨우 해석되고 응용되기 시작했다. 이것은 5차 방정식의 해법에 관한 논문으로서 이 한편의 논문이 오늘날 수학의 흐름을 바꾸어 놓았다. 이 방면의 연구는 수학에서 추상대수학이라는 이름으로 지금도 활발히 연구되고 있다. 이 주인공은 바로 비운의 천재 에바리스트 갈루아 (Evariste Galois, 1811~1832)이다. - 한국교육신문, 2005. 8. 8.

짧은 생을 살다간 비운의 천재 갈루아의 성격은 교사들의 평가에서 그 일단이 드러나며, 면접 과정에서의 '뛰는' 행동에 잘 나타나고 있다. 과연 창의적인 사람의 성격은 어떠할까?

일반적으로 창의적인 사람들은 자신만의 규칙을 만들기를 좋아하고 자신만의 방식으로 일을 진행시킨다. 또 아직 만들어지지 않은 문제를 좋아하고, 글을 쓰거나 계획을 구상하는 것과 같은 유형의 활동을 좋아하며, 작가, 과학자, 예술가, 건축가 등의 직업을 선호한다.

이들은 다양한 관점을 수용할 줄 알고 기존의 견해와 일치하지 않는 정보에 민감하다. 또한 사회적으로 지지를 받기가 어렵고 이러한 상태에서 오랫동안 자신의 일에 몰두해야 하기 때문에 자율성이라든가 독립심, 자신감 등이 강한 편이다. 게다가 다른 사람들의 비판이나 보상 등에는 관심이 별로 없으며, 일 그 자체에 높은 관심을 보인다.

〈Creativity is forever〉라는 유명한 창의성 입문서를 쓴 데이비스(Davis)는 광범위한 문헌 고찰을 통해 창의적인 사람들의 16가지 범주의 성격특성을 추출했다. 16가지 특성들은 상호 독립적이라기보다는 서로 중복되는 부분이 있으며, 어떤 경우에는 약간 상반되는 의미의 특성이 공존할 수도 있다. 예를 들어, 겸손하고 부끄러워하는 특성도 있지만, 한편으로는 자신감에 찬 특성도 보이는 것이다. 이러한 특성을 9가지로 요약하여 성격특성들을 하나씩 살펴보자.

1) 자신이 창의적인 사람이라고 확신한다

창의적인 사람은 자신이 창의적이라고 생각하며, 일상생활에서 늘 창의적인 활동을 하는 습관을 가진다. 그리고 그러한 활동을 통해 자신의 창의력에 대해 더욱 강화를 받는다. 과학 또는 예술분야에서 수상을 한 경험이 있는 미국 고등학생들을 조사한 결과, 그들은 늘 창의적인 활동을 취미로 하고 있으며, 자신의 창의력에 대한 강한 자신감을 보였다.

2) 개방적이고 독창적이다

창의적인 사람은 관습에 매이지 않고 유연하게 사고하며, 습관적으로 사물을 새롭게 다른 각도에서 보는 성향이 있으며, 자신과 견해를 달리하는 사람과도 잘 어울린다. 이러한 개방성으로 인해 섣불리 판단하지 않는다. 그리고 다른 사람들의 생각이나 입장에 서보는 것에 익숙하며, 그들의 욕구가 무엇인지를 잘 파악한다. 다른 사람들이 만들어 놓은 것을 단순 복사하기보다는 항상 자신의 아이디어를 추가하여 만들려는 노력을 보이는 독창성이야말로 창의적인 사람들의 핵심 속성이다.

3) 독립적이다

창의적인 사람은 다른 사람들과 구별되는 것을 두려워하지 않고, 불필요하다고 생각하는 규칙은 위반할 수 있으며, 외부의 의견이나 평가보다는 자신의 내적 기준으로 판단하고 평가한다. 이러한 특성과 연관된 것으로 창의적인 사람들은 혼자만의 시간을 강박적으로 가지려고 한다.

경영학자 피터 드러커는 자신의 업적에 기여한 요소 중의 하나로 부하, 비서, 보좌관들을 비롯한 다른 사람들에게 시간을 허비하지 않고 항상 혼자 지냈기 때문이라고 했다. 창의적인 사람들은 다른 사람들과 차단된 개인적인 시간을 가짐으로써 새로운 아이디어를 탐색하고 그것의 실현 가능성을 철저하게 검토하고 실험한다.

4) 상상력이 뛰어나며 모험을 즐긴다

창의적인 사람은 과거나 미래에 대한 상상을 자주하며, 그러한 상상에서 자신이 주인공이 되는 생각을 많이 한다. 또한 현실적으로 불가능한 것에 대해 '만약 … 어떤 일이 벌어질까'와 같은 질문을 던지는 특성을 보인다. 한편 창의적인 사람은 실패나 비난을 두려워하지 않으며, 실패를 한 경우에도 크게 좌절하지 않고 재빨리 회복되는 복원력을 가진다. 또한 불확실하고 모호한 상황에서도 잘 견딘다.

5) 에너지 수준이 높다

창의적인 사람은 무엇이든지 자발적으로 행동하며, 자신이 하는 일에 높은 열정을 보인다. 자신에게 흥미로운 일에 대해서는 밤새 몰입하는 모습을 보이며, 쉽게 포기하지 않는 끈기를 가지며, 끝나기 전까지는 휴식에 들어가지 않는다. 한 과학자는 이러한 열정과 몰입에 빠진 사람들을 일로부터 벗어나게 하는 방법은 그에게 총을 쏘는 방법밖에는 없다고까지 말한다.

또한 이들은 감각추구(sensation seeking) 또는 스릴추구(thrill-

주커만(Zuckerman)은 감각추구(sensation seeking)라는 성격특성을 연구했다. 감각추구가 높은 사람은 높은 자극수준을 선호하고 항상 새롭고 유쾌한 경험을 추구한다. 감각추구가 낮은 사람은 중간 정도의 자극수준을 선호하고 흥분보다 안정을 추구하는 경향이 있다.

감각추구는 감각추구 척도(SSS: Sensation Seeking Scale)로 측정할 수 있다. 감각적 자극을 추구하는 경향도 다른 성격특성처럼 연속적이고 대부분의 사람들은 중간범위에 속한다.

이러한 감각추구 척도에는 4개의 하위요인이 있다.

1) 스릴과 모험추구(TAS: Thrill and Adventure seeking) 이것은 스포츠 또는 다른 신체적으로 위험한 활동에의 참여를 표현하는 문항으로 낙하산 타기, 스쿠버 다이빙, 또는 스키 같은 색다른 스피드 감각이나 위험의 도전을 말한다.

2) 경험추구(ES: Experience seeking) 이 요인은 음악, 미술, 여행, 사회적 불일치, 비인습사회(예: 예술가, 히피족, 동성론자) 집단과의 교류 속에서 각성을 일으키는 것 같은 마음과 감각을 통한 신기한 감각과 경험을 추구하는 내용으로 되어 있다.

3) 탈억제(Dis: Disinhibition) 이 요인의 문항은 파티, 사교 음주, 그리고 섹스 같은 사회활동을 통한 감각추구를 기술하고 있다.

4) 권태 민감성(BS: Boredom Susceptibility) 이 요인은 판에 박힌 일에 권태를 느끼는 것 같이 반복적인 경험에 싫증을 느끼거나 지루함을 느끼는 것을 말한다.

감각추구 경향이 높은 사람들은 지루한 일을 싫어하고 도전과 모험을 추구한다. 이들은 감각추구 경향이 낮은 사람들보다 더 충동적, 탈억제적(disinhibition), 외향적, 비순종적이다.

seeking)의 특성을 보이는데, 이것은 높은 에너지 수준과 모험을 즐기는 특성이 결합된 것이다.

6) 호기심이 많다

창의적인 사람은 호기심이 많다. 특히 어린 아이들처럼 매사 경이롭게 생각하고 관심이 많다. 어릴 때 다락방을 뒤진 경험이나 기계를 분해하여 부품을 관찰한 경우나, 도서관이나 박물관에서 하루 종일 보낸 경험 등이 모두 호기심을 가지고 하는 행동들의 예이다. 호기심은 폭넓은 관심과 취미생활과 연결되고, 여러 다양한 실험과 탐험을 가능케한다. 심리학자인 도널드 캠벨은 새로운 발견을 하는 학자와 그렇지 못한 학자의 차이는 호기심의 차이라고 강조했다.

7) 복잡하고 모호한 것에 끌린다

창의적인 사람은 단순하고 명확한 것보다는 다소 복잡하고 모호한 것을 더 선호하는 경향이 있다. 창의력 검사 중에는 배런과 월쉬 예술 척도(Barron Welsh Art Scale)라는 것이 있는데, 이 검사는 바로 창의적인 사람들의 이러한 특성을 반영한 것이다. 이 척도에는 서로 대비되는 두 가지 그림들을 제시하고 자신이 더 선호하는 그림을 선택하도록 한다. 두 가지 그림에서 한 그림은 단순하고 균형 잡히고 질서 있는 그림이지만, 또 다른 그림은 복잡하고 무질서한 형태로 그려져 있다. 창의적인 사람은 일관되게 두 가지 그림 중 복잡하고 비대칭이며, 모호한 그림을 더 선호한다.

일반적으로 창의적인 사람은 디자인, 음악, 미술, 과학 등의 분야에서 새로운 것을 보게 되면, 그것 자체에 흥분을 느끼고 그것의 잠재력에 대해 탐색하고 몰입하는 경향이 있지만, 창의적이지 않은 사람은 그것의 결점을 찾아내고 결함을 분석하는 데 더 주의를 기울이는 경향이 있다.

예일대학의 심리학자 스턴버그는 이러한 모호성에 대한 인내 (tolerance for ambiguity)를 창의적인 성과를 내는 데 있어 필수적인 역량이라고 했다. 창의적인 아이디어는 대개 처음에는 거칠고 불완전하고 모호하므로 좀더 정교하게 다듬고 개발해야 한다. 그리고 소설을 쓰거나, 그림을 그리거나, 엔지니어가 새로운 문제를 해결하려고 할 때처럼 요구되는 관련 정보도 무엇인지 불확실하며, 정해진 규칙도 불명확하고, 검증된 절차도 없다. 그래서 불확실하고 모호한 상황에서 최초 아이디어를 계속 수정하고 개발해 나가야 하는 오랜 기간의 탐색과 실험의 과정이 이어져야 한다.

이러한 상황을 헤쳐나가기 위해 요구되는 것이 바로 모호성과 불확실성에 대한 인내력이다. 아무리 기발한 아이디어를 많이 만들어 낸다고 해도 이러한 역량이 결여되면 아이디어만 무성할 뿐 실제적인 창의적 성과로 이어지기는 어렵다.

8) 예술에 대한 관심과 미적 감각이 있다

창의적인 사람은 자신이 실제로 특정 예술 분야에 재능이 있든 없든 간에 예술에 대한 관심과 어느 정도 심미안을 가지고 있다. 그래서 창의적인 사람은 음악이나 무용 공연, 연극, 그림이나 사진 전시회, 고대 유물 전시, 걸작품 전시회, 아름다운 석양이나 전망이 좋은 장소 등을 좋아하고 자주 들른다.

이러한 특성은 최근 기업들에서 제품의 디자인이 매우 중요해지는 것과 연관되어 특히 주목된다. 스티브 잡스가 세계에서 가장 창의적인 기업가로 인정받는 한 이유도 기업경영에 '디자인'의 중요성을 보여주었다는 데 있다.

9) 유머가 있다

창의적인 사람은 유머감각이 있다. 이것은 문제에 대해 새롭고 순진하게 접근하는 능력과 관련이 깊다. 유머는 자신뿐만 아니라 주변 사람들을 기분 좋게 만들며, 다소 어린 아이와 같은 순진한 기분을 들게 한다. 많은 위대한 발견이나 발명, 문제해결, 창작 등은 여러 가지 아이디어들을 가지고 논 결과이며, 엉뚱한 가능성을 자유롭게 생각해 보고 사물이나 대상을 뒤집어보는 등 놀이하는 것과 같은 즐거운 상황에서 이루어진 것이 많다. 따라서 앞서 언급했듯이, 어린 시절로 일시적으로 퇴행하여 아무런 제약이 없는 놀이와 같은 상황에서 사고하는 것이 창의적인 아이디어를 얻는 좋은 방법이다.

한편, 창의적인 사람들은 긍정적인 특성뿐만 아니라 부정적인 특성도 지니고 있다. 이들은 자기 중심적이고, 잘난 척 하며, 냉소적이기도 하며, 충동적이어서 변덕이 심하며, 어린 아이들처럼 무질서하고 철없이 보이기도 하고, 신경질적이며, 지나치게 자기 주장을 함으로써 다른 사람들을 무시하는 등 부정적으로 비춰지기도 한다. 이들의 부정적인 특성으로 인해 자주 상사나 부모, 교사들이 불편하거나 당혹한 느낌이 들도록 만드는 경우가 있다.

하지만 또 다른 연구를 보면 창의적인 사람이 그렇지 않은 사람에

비해서 긍정적인 성격과 부정적인 성격을 모두 가지고 있음을 강조하고 있기도 하다. 창의적인 학생들은 독창적이고, 모험심이 강하고, 자유주의적이고, 세련되었으며, 참을성이 강하고, 솔직하고, 매력적이며, 자발적이고, 호기심이 많고, 유연하고, 미적이기도 하지만, 동시에 불안정하고, 책임의식이 없으며, 정리가 안 되어 있고, 반항적이고, 통제가 안 되며, 이기적이고, 무뚝뚝하며, 감정 조절을 못하고, 규칙을 안 지키고, 비협조적이고, 순간적이며, 남을 배려하지 않는 부정적인 성격을 가지고 있다는 것이다.

칙센트미하이 역시 창의적인 사람에게서는 활기차지만 또 동시에 조용하고 움직임이 적다, 내향적이기도 하고 또 외향적이기도 하다와 같은 모순적인 성격이 드러난다고 강조한다. 이러한 상반된 성향이 공존하는 복합성은 일반인에게서는 찾아보기 어려운 특성이다.

최근에 창의성을 연구하는 학자들은 창의적인 성격의 전형은 없다는 데 대부분 동의하고 있다. 내향적인 사람이 많지만 외향적인 사람도 있고, 권위를 싫어하는 사람이 많지만 그렇지 않은 사람도 또한 있다는 얘기다. 하지만 창의적인 사람이면 누구나 드러내는 몇 가지 공통적인 성격이 있는데, 그것은 자신의 경험에 대해 개방적인 태도를 취하고, 세상에 대한 사고가 유연하며, 새로운 것을 만들겠다는 목표에 대한 의욕으로 가득 차 있다는 것이다.

창의성 발현의 3요소

창의성 발현의 3요소는
지식과 경험,
창의적 사고력,
그리고 내적 동기이다

앞에서 우리는 창의성과 관련된 몇 가지 잘못된 생각들, 즉 창의적인 사람은 대개 정신질환이 있다는 것과 창의적인 사고과정은 무의식적인 측면과 관련되어 있다는 것에 대해 살펴보았다. 이러한 생각들은 모두 다소 과장되었고, 과학적인 근거가 빈약하다고 볼 수 있다.

그래서 우리는 그러한 오해를 살펴보면서 '누구나 다 창의적일 수 있다'는 생각에 도달했다. 그렇다면 나 자신이 창의적일 수 있기 위해서는 무엇이 필요할까? 이 장에서는 창의성이 발현되기 위해 필요한 것이 무엇인지에 대해 살펴본다.

창의성의 발현과 관련된 요소들을 잘 요약하여 설명해 주고 있는 것이 하버드대 교수인 어마빌레(Amabile)의 창의성의 3요소이다. 어마빌레는 사회심리학을 전공한 사람으로, 창의성과 관련된 사회심리학적 연구(예: 창의적인 행동에 영향을 미치는 여러 가지 환경적 측면에 대한 연구)들로 많은 명성을 얻은 학자이다. 그의 3요소설은 창의성이 발현되기 위한 요건을 가장 적절하면서도 간결하게 제시했다고 평가된다.

어마빌레의 창의성의 3요소는 지식과 경험, 창의적 사고력, 그리고 내적 동기이다. 어떤 문제나 과제를 수행할 때 지식과 경험을 갖추고 내적 동기(열정)가 충만한 상태에서 창의적으로 사고를 하면 창의적인 성과가 나올 가능성이 크다는 것이다.

요소 1 ― 지식과 경험

첫째 요소는 '지식과 경험'이다. 지식과 경험은 창의성이 발현되기 위한 원재료라고 할 수 있다. 어마빌레는 이 요소를 영역관련 기술이라고 명명하고 지식, 기술, 재능 등이 포함된다고 했다.

또한 정규교육을 통해서 배우게 되는 이론이나 모델과 같은 지식뿐만 아니라, 특정 분야에서 자기 나름대로 오랜 경험을 통해서 터득하고 축적한 경험이나 노하우 같은 것도 포함된다.

자신이 활동하는 분야에 대한 기초적인 지식과 경험 없이 창의적인 성과를 낸다는 것은 극히 어려운 일이다. 양자물리학에 대한 기초적인 지식도 없이 현대 물리학에서 창의적인 업적을 남기기는 어렵다. 과학 이외의 분야에서도 창의성이 발현되기 위해서는 어느 정도 그 분야의 지식과 경험이 기본적으로 필요하다.

지식의 중요성을 나타내는 사례로 라마누잔(Ramanujan, 1887~1920)의 경우를 보자. 그는 일반인들 사이에는 잘 알려져 있지 않으나 수학자들 사이에는 오일러(Euler, 1707~83)와 야코비(Jacobi, 1804~51) 이후 필적할 만한 상대가 없는 천재로 인식되어 있는 사람이다.

20세기 초 인도의 수학자인 라마누잔은 어릴 때부터 뛰어난 수학적 천재성을 보인 인물이다. 그러나 독특한 성격과 가정 형편상 학교 공부를 계속할 수 없었던 그는 집에서 스스로 수학의 원리들을 만들어 나갔다. 그의 수학지식은 대개 혼자 연구하여 얻은 것이었다. 그는 자신이 발견한 수학적 결과들을 노트에 기록했다. 노트에 적힌 그의 원리들이 나중에 영국의 수학자 하디(G.H. Hardy)에 의해 인정되어 세상에 널리 알려졌다. 하지만 그는 32세의 젊은 나이에 세상을 떠났다.

라마누잔의 사례에서 얘기하고자 하는 핵심은 그가 만약 기존의 수학 체계를 제대로 공부했다면, 그는 자신의 천재성으로 더 많은 수학적 원리들을 만들어 냈을 것이라는 점이다. 그는 기존 지식이 없었기 때문에 자신의 천재성으로 '역사적 창의성'을 보여줄 많은 기회를 놓쳐버린 것이다.

창의성을 발휘하기 위해서는 지식과 경험이 있어야 함을 보여주는 또 다른 예로 헤이즈(Hayes)의 연구를 살펴보자.

헤이즈는 76명의 유명한 작곡가들을 대상으로 하여 그들이 처음 음악공부를 시작한 시점과 자신을 유명하게 만든 작품이 나온 시점 간의 시간을 측정해 보았다. 그 결과 평균 10년 정도로 나타났다.

유명 작곡가가 자신의 대표작을 만드는 데 약 1년이 걸렸다고 볼 때, 그 나머지 기간에는 무엇을 했을까? 그동안 그들은 음악 체계, 작곡법 등 기존 지식을 습득하는 데 보냈다고 볼 수 있다. 즉, 그 기간은 기존 지식을 습득하는 기간이었다.

아인슈타인이 지붕에서 떨어지는 사람이 운동과 정지의 상태에 동

투자이론(Investment Theory)

스턴버그(Sternberg)와 루바트(Lubart)가 제안한 투자이론은, 창의적인 사람은 유능한 주식투자자와 같다고 본다. 즉, 유능한 주식투자자는 유망하지만 저평가되어서 값이 싼 주식을 사서 가지고 있다가 그것이 제대로 평가를 받을 때 고가로 되파는 사람이다. 즉, 'Buy Low and Sell High'의 방법이다. 마찬가지로 투자이론에서도 창의적인 사람은 처음에 '그런 것을 왜 하느냐?' '왜 엉뚱한 짓을 하느냐?' 하는 등의 반응을 듣지만, 결국에는 남들이 잘 보지 못하는 유망한 아이디어나 숨겨진 기회를 찾아내고, 나중에 그것의 진가가 드러나서 세상에 퍼지면서 수확을 거두는 사람이라는 뜻으로 비유한 것이다.

투자이론은 개인 창의성을 설명하는 매우 포괄적인 이론이다. 그 이유는 창의성이 발현되기 위한 거의 모든 요소들을 망라하고 있기 때문이다. 이 이론에서는 유능한 주식투자 또는 창의성이 발현되기 위해 필요한 6가지 자원을 제시했는데, 이 6가지 자원을 갖추면 창의적인 성과를 낼 가능성이 높아진다고 한다.

첫째는 인지적 능력인 지능이다. 여기서의 지능은 전통적인 단일지능의 개념이 아니라 스턴버그가 제안한 삼원 지능의 개념이다. 즉, 문제의 새로운 정의 및 통찰과 연관된 경험지능, 비판적 사고능력 및 분석력과 연관된 요소지능, 그리고 실천력과 연관된 실용지능이다.

둘째는 지식이다. 창의적인 성과를 내기 위해서는 해당 분야와 관련된 기본 지식이 필요하다는 것이다.

셋째는 사고양식(cognitive style)이다. 투자이론에서는 사고양식을 다소 독특하게 분류하고 있는데, 스턴버그는 입법부, 사법부, 행정부의 삼권분립처럼, 인간의 사고양식도 입법부적 사고, 사법부적 사고, 행정부적 사고의 세 가지로 구분될 수 있다고 보았다. 그리하여 그 중 입법부적 사고를 하는 사람들이 창의적인 사고양식을 가진 사람이라고 보았다.

넷째는 성격요소이다. 성격요소에서는 특히 '모호성에 대한 인내력'(모호한 상황을 잘 참아내고 이겨낼 수 있는 능력)이 요구된다. 모호성에 대한 인내력이 높은 사람들이 창의적인 성과를 낼 가능성이 크다는 것이다. 그 외의 성격요소들로는 끈기력, 성장욕구, 모험정신, 자신감, 독립심 등이 필요하다고 본다.

다섯째는 동기적 요소로서 내적 동기, 즉 열정이 필요하다. 자신이 하는 일에서 즐거움과 성취감을 느낄 수 있어야 된다는 것이다.

마지막으로는 환경적 측면이다. 창의적 행동을 격려하고 지지해 주는 환경이 갖추어져야 한다는 것이다. 그렇지 않다면 창의성 발현이 억제될 것이기 때문이다.

한편, 투자이론에서는 위와 같은 6가지 자원을 제시한 것과 더불어 다음과 같은 세 가지 변수를 덧붙인다.

먼저, 6가지 자원 중 어떤 것은 역치(threshold)가 있다. 그래서 어느 하나라도 일정 수준에 도달하지 못하면 창의성이 발현되기 어렵다고 본다. 시험으로 비유하면 과락이 있다는 것이다. 예를 들어 기본 지식이 전혀 없으면 나머지 5가지가 아무리 많이 갖추어져 있어도 창의적인 업적을 낼 수 없다는 것이다.

둘째, 자원간에는 부분적인 보상관계가 있을 수 있다. 예를 들어, 6번째 환경자원이 비교적 열악할 때, 5번째 자원인 내적 동기나 성취 욕구가 높으면 어느 정도 환경요소를 보상할 수 있다는 것이다. 즉, 열정이 비교적 열악한 환경을 극복해낼 수 있다는 뜻이다.

셋째, 자원들간의 상호작용도 가능하다. 예를 들어, 인지적 능력(예: 종합력, 분석력 등)이 높으면서 내적 동기가 높으면 상승효과가 일어날 수 있다는 것이다.

투자이론은 창의성이 발현되기 위한 6가지 자원을 제시하는데, 여기에는 거의 모든 요소들이 망라되어 있다. 그래서 투자이론은 상당히 포괄적이다. 그러므로 좋은 이론은 단순할수록 좋다는 경제성의 원리에서 보면 비경제적인 이론이라고 볼 수도 있다. 하지만 창의성이 발현되기 위해서는 어떤 요소가 갖추어져야 하는지에 대해 전반적인 고찰을 하고 있다는 점에서 의미가 있다고 할 수 있다.

시에 있을 수 있다는 '행운의 생각'을 한 것은 1907년이었지만, 여기에서 출발해서 일반 상대성이론을 완성한 것은 그로부터 8년이 지난 1915년이었다. 어릴 적부터 작곡을 시작한 모차르트가 첫 작품을 내어놓기까지는 12년이라는 훈련기간을 거쳤고, 셰익스피어도 당시 다른 극작가와 마찬가지로 그리스의 비극을 공부하고 이를 모방하던 시절을 거치면서 자신만의 독특한 작품세계를 발전시켰다. 스티브 잡스도 전자 장치에 대한 관심을 본격적으로 드러내기 시작한 지 거의 10년 후 '애플' 컴퓨터를 만들어 냈다.

걸작이라 할 만한 창의적인 성과가 나오기 위해서는 기존 지식에 대한 충분한 이해와 습득이 있어야 한다. 자신의 분야에서의 상당한 지식과 경험이 축적되어야 창의성이 발휘되기 위한 전제 조건이 충족되는 것이다.

지식과 경험은 양날의 칼

하지만 지식과 경험은 양날을 가진 칼과 같다. 즉, 창의성이 발현되기 위해서 기본적으로 필요하지만 한편으로는 창의성을 저해할 수도 있다는 뜻이다. 다음 사례를 보자.

"예전에 어디에선가 음악을 배운 적은 없었습니까?"

볼프강 아마데우스 모차르트(W.A. Mozart)는 누군가가 자신을 찾아와 음악을 배우고자 할 때면 반드시 이렇게 물었다고 한다. 흥미로운 것은 유명한 음악가에게 배운 적이 있다고 하면 수업료를 두 배를 내라고 했다는 사실이다. 사람들은 모차르트의 그 같은 처사가 부당하다고 생각했다. 이미 배운 적이 있다고 한다면 훨씬 가르치기 쉬운데, 기본적인 것조차 모르고 찾아오는 초보자의 두 배나 되는 강습료를 받는 이유를 알 수 없었기 때문이다.

그러나 모차르트는 자신의 원칙대로 강습료를 받는 것이 더 합리적이라며 이렇게 말했다.

"예전에 음악을 배웠던 사람일수록 더 힘든 작업을 거쳐야 합니다. 그 사람에게서 버릇 든 찌꺼기를 거둬내야 하거든요. 이미 생긴 버릇을 버리는 것이 새로 가르치는 것보다 훨씬 힘듭니다."

유명한 과학사가인 토머스 쿤(Thomas Kuhn)이 제시한 패러다임의 경우를 생각해 보자. 〈과학혁명의 구조(*The Structure of Scientific Revolution*)〉라는 책에서 나온 이 패러다임은 특정한 시대의 과학자들의 사고를 지배하는 규범이나 규칙이다. 그래서 특정 패러다임에서 설명되지 않는 현상(변칙, anomaly)들은 무시되고 그것에 대해서는 질문 자체를 회피하게 된다.

특정 시대의 한 물리학자가 그 시대의 패러다임에 깊이 매몰되어 있으면 그 패러다임의 틀을 벗어나기가 어렵다. 가령 물리세계에 대한 뉴턴식의 시각에 빠져 있으면 다른 시각, 즉 상대성 이론의 시각을 생각해 내는 것은 매우 어렵다.

특정 패러다임에 매몰되어 있다는 것은 기존의 지식체계에 몰입되어 있다는 의미이다. 그런 의미에서 기존 지식이 새로운 각도에서 사물을 보는 것을 저해할 수도 있다. 패러다임의 비유에서처럼, 기존의 지식과 경험이 새로운 창의적인 시각을 갖지 못하게 제약할 수도 있다는 뜻이다.

이런 측면을 보여주는 사례를 살펴보자. 우리가 가지고 있는 기존의 지식이나 경험이 새로운 사고 또는 상상력을 얼마나 저해하는지 잘 보여주는 실험이다.

인지심리학자 워드(Ward)는 대학생들에게 지구에서 수억 광년 떨어진 행성에 생명체가 존재한다고 가정하고 그 생명체가 어떤 모습일지를 나름대로 상상력을 동원해서 그림을 그려 보라고 했다. 대학생들은 나름대로 우주 저 멀리 떨어진 행성에 존재하리라고 상상되는 외계 생명체에 대해 다음과 같은 그림을 그렸다.

그런데 이 그림들을 보면 지구상에 존재하는 동물과 상당히 유사하거나 혹은 이들을 약간 변형시킨 듯한 느낌이 든다. 좌우 대칭이거나 눈이 두 개 있는 등 지구상에 존재하는 동물의 원형을 그대로 간직하고 있다.

그런데 지구와 아주 멀리 떨어진 행성에 지구에 존재하는 것과 유사한 모양의 생명체가 존재해야 한다는 근거는 없다. 그렇지만 막연하게 상상력을 동원해서 그림을 그려보라고 했을 때 대학생들은 대개 지구상에 존재하는 동물들이나 생명체의 속성을 자기의 상상력에 채색해서 그렸는데, 그러다보니 지구상에 존재하는 동물의 모양과 비슷해진 것이다.

이것은 바로 기존 지식이나 경험이 새로운 상상력에 얼마나 많은 영향을 미치는가를 보여주는 것이다. 물론 그 실험에 참가했던 소수의 대학생들은 기존 지식으로부터 벗어나 매우 기발하고 창의적인 모습의 생명체를 그리기도 했다. 그 예를 보자.

이 그림에서는 지구상에 존재하는 동물들의 속성이 별로 눈에 띄지 않는다(물론 미생물의 형태와 유사하지만 그것들은 우리들의 눈에는 잘 보이지 않는다). 그래서 소수의 대학생들은 자신의 기존 지식과 생각의 틀로부터 벗어났다고 볼 수 있다.

어떻든 이 실험에서 보듯이, 대부분의 대학생들은 지구상에 존재하는 생명체의 속성, 특히 동물의 속성을 새로운 상상력에 투여하는 모습을 보였다. 바로 이러한 예가 기존의 지식과 경험이 새로운 사고와 새롭게 사물이나 현상을 보는 것을 저해한다는 것을 보여주는 것이다.

3장에서 언급된, 일류 명문대 출신도 아닐 뿐만 아니라 최초로 박사학위도 없이 노벨화학상을 수상한 일본의 다나카 고이치는 자신의 저서 〈일의 즐거움〉에서, "자신이 만약 충분한 전문지식이 있어 기존 이론에 따라 기술을 개발했더라면 오히려 지식이 방해가 되어 새로운 기술을 발견하지 못했을지도 모른다"고 말했다. 실제로 주위 사람들은 그가 자랄 때에 항상 교과서 대로 답을 구하지 않고 스스로 생각하고

이전 지식이 새로운 아이디어에 미치는 영향

우리가 어떤 상상을 할 때 얼마나 이전 지식의 영향을 받는지를 보여주는 수많은 사례들이 있다. 예를 들어, 자동화된 채광 장비의 초기 형태는 곡괭이를 휘두르는 사람의 행동을 본 딴 것이었으며, 나중에서야 좀더 효율적인 벨트설계로 바뀌었다. 또한 공상과학 소설을 읽어보아도, 대부분의 우주 외계인들은 지구상의 생명체들의 많은 세부특징들을 그대로 지니고 있다는 것을 알 수 있다.

심지어 매우 진지하고 이론적인 과학의 영역에서도 어떻게 기존 지식이 새로운 아이디어의 형태를 특정 방향으로 유도하고 제약하는지를 알 수 있다. 예를 들어, 외계 생명체 탐사 프로젝트(Search for Extraterrestrial Intelligence: SETI)에 참여한 천문학자 프랭크 드레이크(Frank Drake)는 다른 위성의 지적 생명체는 기본적으로 인간과 유사하게 생겼을 것이라고 믿었다. 외계 생명체는 사실상 우리가 도저히 생각할 수도 없는 형태를 가질 수도 있지만, 우리의 과학적 상상력은 단지 특정한 가능성만을 고려하는 경향이 있다. 모든 SETI 프로젝트에서는, 우주 어디엔가 있을 지적인 존재는 그들끼리 의사소통하는 방식뿐 아니라 외형에 있어서도 우리와 매우 유사할 것이라는 생각에 기초하고 있다.

왜 새로운 아이디어는 종종 그렇게 이전 아이디어를 닮게 되는가? 그 해답은 간단하다. 우리는 어떤 아이디어를 생각해 낼 때 친숙한 것을 회상하여 새로운 아이디어의 형태를 그것에 맞추는 경향이 있다. 그 결과 불필요하거나 위험이 잠재된 경우일지라도 이전 지식의 많은 세부특징들이 새로운 아이디어에 나타나는 것이다.

이 현상은 구조화된 상상(structured imagination)이라고 불리며, 이것은 디자이너, 과학자, 사업가, 그리고 예술가 모두의 사고를 지배하는 것이다. 즉, 구조화된 상상은 끔찍한 결과를 초래할 수도 있고, 기업이 경쟁력을 유지하기 위해 혁신적인 방식을 찾기보다는 이전 절차를 답습할 때 사업에 실패할 수 있으며, 사람들이 일상적인 상황에서 어려운 문제를 해결하고자 할 때 창의성을 제약하는 부정적 영향을 미칠 수 있다.

         – 워드(Ward), 〈*Creativity and the Mind*〉.

자유롭게 상상의 나래를 펴서 마음대로 실험을 했던 것으로 기억하고 있다.

요소 2 ― 창의적 사고력

이렇듯 지식과 경험이 창의성의 원재료로서 필요한 것이기는 하지만, 자칫 이것이 창의성을 저해할 수도 있다. 따라서 기존 지식과 경험의 제약을 벗어나기 위해서는 두 번째 요소인 창의적 사고력이 요구된다.

일반적으로 '창의적' 사고는 '확산적'(발산적) 사고라거나 '수평적' 사고 또는 '우뇌적' 사고 등과 유사한 의미로 표현된다. 수렴적으로가 아니라 확산적으로 사고하는 것, 수직적으로가 아니라 수평적으로 사고하는 것, 좌뇌가 아니라 우뇌를 사용하는 사고가 곧 창의적 사고이다(7장과 8장에서는 창의적 사고를 가능하게 하는 기법들을 다룬다).

이러한 확산적 사고, 수평적 사고, 우뇌적 사고 등은 문제해결(problem-solving)의 과정에서 문제가 기존의 방식으로는 도저히 해결되지 않을 때 요구되는 것이다. 즉, 어떤 문제가 주어졌을 때 그것을 창의적으로 해결하기 위해서는 확산적으로, 수평적으로, 우뇌적으로 사고해야 한다는 것이다.

한편, 창의적 사고를 주어진 문제의 창의적 해결과는 다른 것으로 보는 학자들이 있다. 그들은 전혀 다른 시각에서 창의성 또는 창의적 사고는 '문제발견'(problem-finding)이라고 주장한다. 즉, 일반 사람들이 잘 해결하지 못하는 문제를 창의적으로 '해결'하는 것도 창의성을 발휘한 예라고 볼 수 있지만, 문제를 '발견'해 내는 것이 진정한 창의성이라는 것이다. 그래서 더 근본적이고 더 효과가 큰 창의성은 주어진 문제에 대한 창의적인 해결보다는 남들이 보지 못하는 새로운 문제를 찾아내는 것이라고 주장한다. 예를 들어, 형사라는 직업을 생각해 보자. 형사는 반드시 문제(범죄)가 발생해야만 그것을 해결하는 사람이다. 그래서 형사는 문제를 해결하는 사람이지 문제를 발견하는 사람은 아니다.

진정한 창의성은 문제해결보다는 문제발견에 있다는 주장을 한 심리학자는 시카고 대학의 칙센트미하이와 게첼스(Getzels)이다. 그들은 1960년대부터 예술가들을 대상으로 다양한 연구를 해왔다. 그 연구들을 통해서 그들은 창의성 또는 독창성이라는 것은 문제해결이 아니라 문제발견에 있다는 주장을 하기 시작했다. 그들이 수행한 연구를 한번 살펴보기로 하자.

뉴욕의 화가 지망생 31명을 대상으로 실험을 했다. 실험에 참가한 화가 지망생들은 모두 뉴욕의 유명 미술학교에서 같이 공부하는 사람들이었기 때문에 그림 기술이나 기교는 모두 비슷한 수준이었다.

화실에 화가 지망생을 한 명씩을 데리고 와서 정물화를 그리도록 했다. 화실 정면에는 탁자 두 개가 놓여 있다. 왼쪽 탁자에는 정물화의 소재가 될 27개의 다양한 물건들(나팔, 포도송이, 벨벳모자, 고서적 등)이 놓여 있다. 왼쪽 탁자의 물건들 중의 일부를 자기 임의로 선택해서 오른쪽 탁자로 가져와 그것을 적절히 배열해서 정물화를 그리는 것이다.

31명의 화가 지망생들이 한 명씩 화실에 와서 대개 1~2시간 정도 그림을 그렸다. 화가 지망생들이 작업을 하는 동안 화실의 한쪽 모퉁이에서 관찰자가 화가 지망생의 그림 그리는 구체적인 행동들을 모두 기록했다. 물론 화가 지망생의 작업을 방해하지는 않았다. 그리고 그림이 변화되는 과정을 파악하기 위해 카메라를 설치하여 6분 간격으로 사진을 찍었다.

화가 지망생들이 완성한 그림들을 모아서 당시 미술계의 권위 있는 화가들과 미술학교 교수들에게 평가를 의뢰했다. 특히 그림의 독창성을 중점적으로 평가해 달라고 했다.

평가 결과에 따라 매우 독창적이라고 평가된 그림과 그렇지 않게 평가된 그림을 구분했다. 그리하여 연구자들은 과연 독창적인 그림을 그린 사람과 그렇지 않은 그림을 그린 사람 간의 차이가 어디에 있는지를 찾으려 했다.

연구자들은 먼저, 실제 그림 그리는 동안 화가 지망생들의 구체적인 행동에서 찾고자 했다. 1~2시간 그림 그리는 전 과정의 행동을 모두 기록한 것은 이것 때문이었다. 그리고 둘째, 사진으로 찍은 그림의 변화 과정을 비교했다.

이처럼 화가 지망생들의 행동기록과 사진 분석을 통해 독창적인 그림을 그린 사람들의 공통적인 특징들을 찾아내는 과정에서 연구자들이 내린 결론은 독창성의 근원이 문제발견에 있다는 것이었다.

그러면 연구자들이 말하는 화실에서의 문제발견이란 구체적으로 어떤 것이었을까? 연구자들은 먼저 그림 그리는 전 과정을 크게 ① 구상단계와 ② 그림 그리는 단계의 두 단계로 구분했다. 구상단계는 화가 지망생이 왼쪽 탁자에 있는 여러 가지 물건 중에서 어떤 것을 오른쪽 탁자로 옮겨와서 어떻게 배치해서 화폭에 무엇을 그릴 것인가를 구상하는 단계, 즉 문제를 형성 또는 발견하는 단계를 말한다. 그리고 물건들이 어느 정도 배열되고 무엇을 그릴지를 결정한 다음 실제 화폭에 그림을 구현하는 단계를 그림 그리는 단계 또는 문제해결 단계라고 했다.

연구자들은 이 두 단계에서 화가 지망생들이 나타낸 행동들의 특정한 지표들을 만들었다.

첫째, 구상단계에서는 ① 왼쪽 탁자에 있는 27개의 다양한 물건들 중에서 화가 지망생들이 만진 물건의 개수, ② 최종 선택까지 물건을 탐색한 정도(물건을 집어 들고 여러 각도에서 본다든지 물건의 세부특징이 무엇인지 세밀하게 관찰하는 것과 같은 행동들), ③ 최종적으로 선택한 사물의 독특성(선택한 물건이 다른 화가 지망생들은 잘 선택하지 않은 것일수록 독특성 점수가 높음)의 지표를 만들었다.

이 행동지표상에서 독창적인 그림을 그린 화가 지망생들은 ① 조작한 사물의 수가 많았고, ② 물건에 대해 상당히 오랫동안 탐색하는 행동을 보였고, ③ 선택한 물건들은 다른 사람들이 잘 선택하지 않은 것들이었다.

둘째, 실제 그림 그리는 단계에서의 지표들은 문제 구성의 개방성, 탐색행동, 그리고 그림의 변화 정도이다. 먼저, 문제 구성의 개방성은 최종 그림과 동일한 형태의 구도가 언제 결정되었는가를 나타내는 것이다. 독창적인 그림을 그린 화가 지망생들은 "36분/50분"의 평가를 받았고, 독창적이지 못한 그림을 그린 화가 지망생들은 "10분/65분"의 평가를 받았다. 앞의 숫자인 36과 10은 구상단계의 평균시간을 나타낸다. 즉, 36분은 최종 완성된 독창적인 그림의 형태가 적어도 초기 36분까지는 결정이 안 되었다는 것이다. 반면에 독창적이지 못한 그림을 그린 화가 지망생들은 최종 완성된 그림의 형태가 10분 만에 결정되었다. 즉, 독창적이지 않은 그림은 최종 그림의 구도가 빨리 결정되는 경향이 있는 데 반해 독창적인 그림을 그린 화가 지망생들의 경우에는 최종 그림의 구도가 상당히 늦게 결정된다는 얘기이다. 한편 뒤의 숫자는 그림을 실제로 그리는 데 걸린 시간, 즉 각각 평균 50분(독창적 그림들)과 65분(독창적이지 않은 그림들)이 걸렸다는 뜻이다.

그러면 구상시간 동안 그들은 무엇을 했을까? 독창적인 그림을 그린 화가 지망생들은 이 시간 동안 화폭에 무엇을 담을 것인가에 대해 생각하고 다양한 시도를 한다. 즉, 문제를 찾아내려고, 문제를 발견하려고 노력한다. 그리고 물건이나 도구에 대한 탐색행동을 한다. 실제로 독창적인 그림을 그린 화가 지망생들은 오른쪽 탁자에 가져온 사물들에 대해 그림을 그리는 도중에도 보다 더 세밀하게 사물의 특징에 대해서 관찰하고, 자기가 사용할 도구들(예: 연필 등) 중 어떤 것을 사용할지에 대해 시행착오(trial and error)식으로 여러 번 시도를 해보는 행동을 많이 했다.

마지막 지표는 그림의 변화 정도이다. 6분 간격으로 찍은 사진을 살펴보면, 독창적인 그림을 그린 화가 지망생들은 초기 36분 동안 그림의 구도가 자주 변한다. 대신 독창적이지 않은 그림은 구도가 빨리 결정되므로 그림의 변화가 자주 나타나지 않는다.

이처럼 연구자들은 독창적인 그림과 그렇지 않은 그림 간의 차이의 근원을 화가들이 실제 그림을 그리는 행동에서 찾았다. 연구자들은 독창적인 그림을 그린 화가 지망생들의 공통적인 행동 특징을 통칭하여 '문제발견 행동'이라고 했다. 그 결과 전반적인 문제발견 행동과 그림의 독창성 간에는 0.61의 높은 상관관계를 보였다. 따라서 연구자들은 '발견에 대한 관심'이 창의성의 중요한 요소라고 주장하게 된 것이다.

주어진 문제의 창의적인 해결보다는 문제의 발견이 더 창의적이라는 견해는 이미 여러 사람들이 주장한 바 있다. 아인슈타인(Einstein)도 그 중의 한 사람이다.

"새로운 문제를 공식화(formulate)하는 것은 문제를 해결하는 것보다 더 본질적인 것이다. 기존 문제를 해결하는 것은 단순히 수학적인 기술만 있으면 가능한 일이다. 새로운 질문이나 가능성을 제기하는 것, 또는 이전 문제를 새로운 각도에서 바라보는 데에는 창의적인 상상력을 필요로 하고 이것이야말로 진정한 과학의 진보를 이루는 길이다." - 〈물리학의 진화〉 중에서

이 글에서 아인슈타인도 창의성은 남들이 보지 못하는 새로운 문제를 발견하는 것이라는 점을 강조하고 있다.

만약 여러분이 기업을 경영하는 사람이고 현재 경영상태가 좋지 않

아 새로운 돌파구가 필요하다고 생각해 보자. 이 때 기존 제품의 품질 개선이나 또는 경쟁회사가 생각해 내지 못하는 어떤 새로운 기능을 제품에 추가함으로써 시장 점유율을 높이는 경우는 주어진 문제를 창의적으로 해결한 것이라고 볼 수 있다.

그러나 경쟁업체에서는 전혀 생각하지 못했던 새로운 제품, 즉 인간의 기본적인 욕구나 소비자들의 변화된 기호를 충족시킬 수 있는 새로운 개념의 제품으로 시장을 개척하는 경우에는 문제를 발견한 것이라고 볼 수 있다. 이러한 문제발견은 기업 경영상 최근에 주목받고 있는 블루 오션(Blue Ocean) 전략과 일치하는 관점이라고 볼 수 있다.

요소 3 – 내적 동기

창의성 발현의 3요소 중 마지막 요소는 내적 동기이다. 내적 동기는 사실상 창의성 연구에서 상대적으로 덜 주목을 받아왔던 요소이다. 그러나 1980년대부터는 창의성이 발현되는 데 필요한 요소로서 인간의 동기적 측면에 대해 상당히 주목했고, 그 후 내적 동기 및 그것에 영향을 미치는 환경 측면에 대한 연구가 상당히 진행되고 있다.

인간의 동기(또는 욕구)는 분류방식에 따라 여러 가지 동기가 있지만, 창의성 연구에서는 내적 동기와 외적 동기로 구분한다.

내적 동기와 외적 동기는 인간이 어떤 활동이나 일을 할 때 왜 그것을 하는가, 즉 그 활동이나 일을 하도록 하는 동기적 힘(에너지)이 어디에서 나오는 것이냐에 따라 구분된 것이다. 즉, 특정한 활동이나 행동을 하도록 하는 힘이 활동 그 자체로부터 나오면 내적 동기라고 볼 수 있고, 활동 그 자체와는 독립된 외부에서 나오면 외적 동기라고 볼 수 있다.

예를 들어, 어떤 화가가 돈을 벌기 위해 그림을 그리면 그는 외적 동기에 의해 그 활동을 하는 것이다. 반면에 그림을 그리는 활동 자체로부터 오는 즐거움 또는 자신이 구현하고자 하는 이념을 그림에 표현할 때 느껴지는 성취감이 주요한 원인일 때, 그 화가는 내적 동기에 의해 그림을 그린다고 볼 수 있다.

물론 인간 활동의 원인이 이렇듯 내적 동기와 외적 동기의 이분법으로 모두 구분될 수 있는 것은 아니며, 내적 동기와 외적 동기가 모두 포함된 경우도 있을 수 있다. 그러나 두 동기 중 어느 것이 더 우세한 것인가는 구분해 볼 수 있을 것이다.

다음은 3M사에 근무하는 엔지니어로, 유명한 포스트잇(post-it)을 발명한 프라이(Fry)가 한 말이다.

"지난 20년 동안 나의 연구생활은 한 번도 같은 적이 없었다. 내가 가장 좋아하는 것은 현재 진행하고 있는 연구이다."

프라이의 이 말은 자신의 일에 대해서는 외적 동기보다는 내적 동기가 더 크다는 것을 보여준다. 그는 회사에서 자신이 하는 일이 매우 재미있고 즐겁고, 또 그 일을 통해서 무엇인가에 도전하고 그것을 완성했을 때의 성취감과 성장감 같은 것들이 회사에서 다양한 연구를 계속 하게 만든 동인(動因)이었음을 표현하고 있다.

내적 동기에 대한 개념적인 정의나 내적 동기에 포함된 요소들에 대해서는 학자들마다 견해가 다양하다. 그 중 사회심리학자 데시(Deci)는 내적 동기와 관련된 핵심적인 두 가지 요소를 제안했다. 그것은 어떤 활동(또는 일)에 대해 '내가 능력이 있다' 라는 느낌(유능감)과 '나 스스로 결정한다' 라는 느낌(자기결정감)이다. 내적 동기가 높은 활동은 유능감과 자기결정감을 경험할 수 있는 활동이다.

유능감의 경우, 특정한 활동을 함으로써 나의 잠재력이 충분히 발휘되고 있으며, 내가 성장하고 있다는 느낌을 줄수록 그 활동에 대한 내적 동기가 높아진다.

그리고 자기결정감의 경우, 특정한 활동에 관심을 가지고 스스로 선택해서 하는 활동이냐 아니면 다른 사람이 시켜서 하는 활동이냐에 따라 그 활동의 내적 동기 수준은 다르다. 즉, 자기선택과 외적 통제 중에서 자기선택에 의한 활동은 내적 동기가 높지만, 누군가의 외적 통제에 의해서 하는 활동은 내적 동기가 높을 수 없다.

결국 유능감을 높여주지 않거나 자기결정감이 없는 활동에는 내적 동기가 발현되지 않는다. 내적 동기를 통해서 얻을 수 있는 보상에는 즐거움, 도전감, 자기성장, 자기실현 등이 있다.

외적 보상의 역효과

어떤 사람이 내적 동기에 의해 어떤 활동을 하고 있을 때 외적 보상을 주게 되면 내적 동기가 감소한다는 주장이 있다. 이것이 바로 외적 보상의 내적 동기 감소효과라는 것이다.

이러한 주장을 한 데시의 연구에서 왜 그런 주장을 하게 되었는지 살펴보자.

데시는 대학생들을 무작위로 두 집단(실험집단과 통제집단)으로 나누어, 실험실에서 퍼즐을 풀도록 했다. 사용된 퍼즐은 1960년대 미국 대학생들 사이에 굉장히 인기를 끌었던 소마(SOMA) 퍼즐이었다. 이 과제를 3일에 걸쳐 세 번 실시했다.

첫째 날, 실험자는 실험실 테이블에 앉아 있는 대학생에게 소마 퍼즐을 한 문제씩 제시하고 풀도록 한다. 소마 퍼즐은 굉장히 재미있기 때문에 그것을 푸는 학생들의 내적 동기는 매우 높다. 퍼즐 풀기를 한동안 수행한 뒤, 이틀 후에 다시 오라고 한다.

둘째 날, 실험집단과 통제집단 간에 실험절차에 차이가 있었다. 실험집단 대학생에게는 퍼즐문제를 하나씩 주고 그것을 풀 때마다 약간의 돈을 주었다. 한편 통제집단의 대학생에게는 첫날과 같이 퍼즐을 주고 풀도록 했을 뿐 돈을 주지는 않았다.

셋째 날, 대학생들에게 퍼즐을 풀도록 하는데, 처음 한두 문제를 풀다가 실험자가 "잠시 일이 생겨서 실험을 중단하고 10분 정도 사무실에 갔다 오겠다"라고 말하고는 실험실을 떠난다. 실험자가 자리를 비우는 것은 실험의 목적을 위해 의도적으로 하는 행동이다.

데시는 실험자가 떠난 후 대학생이 기다리는 동안 무슨 행동을 하는지를 일방향 거울(one-way mirror, 방안에 있는 사람은 안보이지만 밖에 있는 사람은 볼 수 있는 거울)을 통해 관찰하면서 기다리는 동안 피험자가 퍼즐을 가지고 노는 시간을 측정했다. 이것은 기다리는 동안 퍼즐을 오랫동안 가지고 놀수록 그 활동에 대한 내적 동기 수준이 높다는 가정에 근거한 것이다. 퍼즐을 가지고 노는 시간이 내적 동기 수준을 나타내는 지표라고 본 것이다.

어떤 대학생은 기다리는 동안 퍼즐풀기를 계속 하지만, 또 어떤 대학생들은 방안에 있는 잡지책을 본다거나 방안을 왔다갔다 하는 등 여러 가지 행동을 보였다.

잠시 기다리는 동안 과연 실험집단의 대학생들이 퍼즐을 가지고 노는 시간이 더 길까, 아니면 통제집단의 대학생들이 퍼즐을 가지고 노는 시간이 더 길까?

앞에서 내적 동기가 높은 활동에 대해서 외적 보상이 주어지면 내적 동기가 감소한다고 했다. 이 실험 결과에서도 더 오랫동안 퍼즐을 갖고 노는 집단은 물론 통제집단이었다. 왜냐하면 실험집단은 돈이란 외적 보상을 받아 내적 동기가 감소했기 때문이다.

실제로 실험이 모두 끝나고 난 다음 소마 퍼즐에 대한 흥미수준에 대한 설문조사를 한 결과를 보아도 실험집단이 통제집단보다 흥미수준이 낮은 결과를 보였다. 데시는 이런 연구결과를 증거로 제시하면서 사람들이 내적 동기가 충만되어서 하는 활동에 외적 보상을 주면 내적 동기가 감소한다고 주장했다.

외적 보상의 부정적인 효과에 대한 증거는 데시뿐만 아니라 같은 시기에 또 다른 사회심리학자인 레퍼(Lepper)와 그의 동료들에 의해서도 제시되었다. 그들의 연구는 소위 "과정당화(overjustification) 현상에 대한 연구"라고 불리는 것이다. '과정당화 현상'은 인간으로 하여금 어떤 활동을 하도록 하는 동기적 힘이 두 가지 출처로부터 나온다고 지각될 때, 그 중 한 가지의 힘은 감소하게 된다는 것이다.

레퍼의 실험을 보자.

레퍼는 4~5세 된 아이들을 대상으로 실험을 했다. 이 연령대의 아이들은 무엇인가를 그리는 것 자체를 무척 재미있어 한다. 즉, 내적 동기가 상당히 높다. 그림 그리는 것이 즐거워서 하는 것이므로 아이들은 도화지를 주면 신나게 그림을 그린다.

레퍼는 아이들을 실험집단과 통제집단으로 구분했다. 실험집단의 아이들에게는 그림을 그리고 난 다음에 그림을 잘 그렸다고 하면서 사탕이나 과자와 같은 외적 보상을 주었다. 통제집단에게는 그런 보상을 주지 않았다. 그리고 나서 다음에 다시 동일한 장소에서 그림을 그리도록 했을 때 외적 보상을 받았던 어린 아이들은 보상을 받지 않았던 아이들보다 그림 그리는 활동에 대한 흥미수준이 낮았다.

미로 속의 쥐

만약 여러분이 외적으로 동기화된다면 일차적인 목적은 외적인 목표를 달성하는 것이다. 즉, 마치 생쥐가 치즈조각을 얻기 위해 신속하게 미로를 통과하듯이 어떤 이는 미로를 가능한 신속하고 안전하게 통과함으로써 금전과 같은 외적 보상을 얻고자 동기화된다. 이때 여러분은 미로 자체와는 무관한 무엇인가를 위해 일하고 있는 것이다. 여러분은 오로지 외적 보상(금전, 승진 등)에만 관심을 가지기 때문에 미로 자체를 생각하는 데에는 시간을 낼 수 없다. 여러분은 가능한 한 빨리 미로에서 빠져나오는 데에만 관심이 집중되기 때문에 가장 분명한 통로만을 택할 것이다. 또한 가장 간단하며 짧은 길을 찾고자 할 것이다.

외적 동기화에 의한 그러한 접근은 실제로 그를 미로에서 벗어나게 해줄 수는 있지만, 그 과정에서 나타난 해결방안은 대개 상상력이 결여되어 있다. 그것은 문제의 본질에 관한 새로운 통찰이라든가, 문제를 새로 인식할 수 있는 방법을 찾게 해주지도 않는다. 만약 여러분이 내적으로 동기화된다면 미로 속에 있는 것 자체를 즐긴다. 그 안에서 놀면서, 여기저기 냄새를 맡아보고, 서로 다른 통로를 시도해 보고, 탐색하고, 무턱대고 뛰어들기 전에 여러 가지 것을 곰곰이 생각하며 즐거워한다. 여러분은 다른 어떤 외적인 것에는 크게 관심이 없고, 단지 문제 자체, 즉 문제에서 파생되는 도전과 흥미에만 집중한다. 따라서 도전의식과 탐구의식이라고 하는 색다른 길을 헤매는 과정을 통해 해결책을 찾고자 한다.

이러한 여정은 시간이 더 걸리며 또한 실패가 있으리란 것은 말할 나위도 없다. 왜냐하면, 어떤 미로에서건 실제로 막다른 길은 수없이 많기 때문이다. 하지만 내적으로 동기화된 사람은 결국에 가서는 미로에서 벗어날 수 있는 길(해결책)을 발견하게 되는데, 그것은 틀림없이 훨씬 더 재미있고 한층 더 창의적일 것이다.

                – 어마빌레, 〈*The Social Psychology of Creativity*〉.

이 실험 결과는 데시의 결과와 유사하다. 보상을 받고 나면 보상받은 활동에 대한 내적 동기가 감소하기 때문에 그림 그리는 활동에 대한 흥미가 감소했다는 것이다.

레퍼는 다음과 같이 설명한다. 실험집단의 아이들에게는 그림 그리는 활동에 대해 ① '재미있어서 한다' 와 ② '그림을 그리면 사탕을 얻는다' 라는 두 가지 이유가 있다. 그러나 통제집단의 아이들은 그림 그리는 활동의 원인은 '재미있어서 한다' 는 것밖에 없다.

따라서 실험집단의 아이들은 두 가지 원인이 모두 존재하는 과정당화 상황에 처한다. 이때 어린 아이들은 활동의 두 가지 원인 중 외형적으로 눈에 띄는 원인을 우선시하게 된다. 그래서 '사탕을 얻기 위해 그림을 그린다' 라는 원인을 자신의 활동의 주요 원인으로 지각하게 된다. 그와 동시에 다른 원인인 내적 동기는 감소하게 된다. 그 때문에 그림에 대한 흥미가 줄어들고, 외적 보상이 주어지지 않으면 그림을 그리지 않게 되는 것이다.

내적 동기 감소의 예

내적 동기가 높은 활동에 외적 보상이 주어지면 내적 동기가 감소한다는 주장은 다음의 사례에서도 확인된다.

"4월은 가장 잔인한 달"이라고 했던 영국의 시인 T. S. 엘리엇이 노벨상 수상 발표를 듣고 난 다음 기자들이 찾아와 수상소감을 한 마디 해달라는 요청에 대해 그는 다음과 같이 간단히 말했다.

"나에게는 노벨상이 장례식행 티켓이다. 지금까지 그 상을 받은 어느 누구도 아무것도 할 수 없었다."

이 말은 노벨상이라는 외적 보상이 있고 난 다음에는 내적 동기가 감소하기 때문에 글 쓰는 일이 앞으로 얼마나 힘들지 걱정이 된다는 의미를 내포하고 있다.

외적 보상이 있으면 내적 동기가 감소한다는 견해는 〈노인의 지혜〉라는 다음의 우화에서도 잘 나타난다.

말년을 한적한 바닷가에서 사색과 독서로 보내려는 노인이 있었다. 노인의 집 뒷마당에는 넓은 공터가 있어 동네 아이들이 매일 공놀이를 했다. 노인은 조용히 지내기를 원했지만, 아이들의 공놀이 때문에 방해를 받았다. 몇 번 아이들에게 주의를 주었지만 효과가 없었다. 아이들은 그곳에서의 공놀이가 너무나 재미있어 노인의 주의에는 전혀 아랑곳하지 않았다.

노인은 고민하다가 마침내 좋은 아이디어를 생각해 냈다. 다음 날 노인은 공터로 나가 아이들에게 말했다. "오늘부터 이곳에서 공놀이를 하면 1달러를 주겠다." 그러면서 노인은 아이들에게 1달러씩 주었다. 아이들은 다음 날에도 공놀이를 했고 계속 1달러씩 받았다.

일주일 지난 뒤 노인은 미소를 지으며 공터로 나와 아이들에게 말했다. "1달러는 너무 많아서 오늘부터는 50센트밖에 주지 못하겠구나." 약간 기분이 상했지만, 아이들은 그래도 여전히 만족한 듯 물러났다.

다시 3일이 지난 후 아이들은 공놀이를 하면서 노인을 기다렸다. 노인이 나와 아이들에게 1센트씩 주었다. 한 아이가 "오늘은 왜 1센트만 주세요?"라고 물었다. "형편이 그렇게밖에 되지 않는구나. 1센트라도 가져가든지 아니면 떠나거라." 그러자 아이들은 "우리가 단돈 1센트에 이렇게 공차기를 하겠어요?"라면서 돌아가 버렸다. 다음 날부터 아이들은 공터에 나타나지 않았다.

〈노인의 지혜〉는 외적 보상을 제공함으로써 내적 동기를 교묘하게 감소시킨 사례이다. 아이들은 공놀이 자체가 즐거워서, 즉 내적 동기가 충만해서 한 활동이었는데, 돈과 같은 외적 보상을 조금씩 받다 보니 나중에는 외적 보상 없이는 공놀이를 하지 않게 된 것이다. 이것은 앞에서의 실험 결과들과 동일하게 내적 동기가 외적 보상에 의해서 극적으로 감소된 경우라고 볼 수 있다.

그러면 외적 보상의 부정적 효과가 창의성과는 어떤 관계가 있을까? 내적 동기는 창의성 발현의 3요소 중 하나인데, 이것의 중요성은 창의적인 사람들의 공통 특성에서 찾을 수 있다. 특정 활동에 깊이 몰입하여 그 활동 자체로부터 내적인 즐거움을 얻는 상태인 '플로(flow)'라는 개념을 제안한 심리학자 칙센트미하이는 창의적인 사람들은 여러 면에서 서로 다를 수 있지만, 한 가지 일관된 공통점은 자신이 하는 일을 사랑하는 것이라고 했다. 그들을 움직이는 힘은 돈이나 명예가 아니라 단지 좋아서 일을 할 따름이며, 그래서 일에서 얻는 것보다 일 자체를 사랑한다는 것이다. 이것이 바로 내적 동기이다.

내적 동기가 충만한 활동에서 창의적인 아이디어와 성과가 나올 가능성이 높다. 하지만 외적 동기에 의한 활동에서는 창의적인 성과가

보상의 문제점

미국과 일본의 개선제안제도에 대한 비교조사 결과는 외적 보상보다는 내적 동기가 종업원들의 아이디어 제안에 더욱 중요함을 시사한다. 일본의 제안제도가 성공하게 된 것은 내적 동기를 강조한 것에 있다. 미국과 일본에서 1995년에 조사한 자료에 의하면, 제안이 채택되어 주어진 보상의 양에 있어서 미국은 평균 458달러였으나, 일본은 고작 평균 4달러가 되지 못했다. 그러나 종업원당 평균 제안수는 미국이 0.16건이었으나 일본은 18.5건이었으며, 종업원 참여율은 미국이 10.7%, 일본은 74.3%였다. 이러한 결과는 일본의 개선제안제도는 외적 동기가 아닌 내적 동기를 자극하는 방식으로 설계되어 있으며, 보다 적은 금전적 보상으로 종업원들의 자발적인 참여를 통해 창의적인 제안을 유도해 내고 있다는 것을 보여 준다.

이처럼 외적 동기요인인 보상만으로 인간의 행동을 통제하려는 시도는 많은 문제점을 안고 있다. 최근 국내에서도 많은 기업들이 종업원들의 수행 향상을 위해 연봉제, 파격적 인센티브제도 등을 도입하고 있는데, 이를 통해 일시적인 수행 향상 효과를 가져올지는 모르지만, 창의적인 사고가 요구되는 업무에서는 자칫 부정적 결과를 초래할 수도 있다.

나오기 어렵다. 어떤 활동을 하는 데 있어 외적 보상을 기대하면 문제발견이 어렵게 되기 때문이다.

외적 동기에 의해서 특정 활동을 하게 되면 '주의의 협소화'(attention narrowing)가 일어나 시야가 축소된다. 그래서 외적 보상이라는 목적을 위한 가장 효율적인 길만을 찾게 된다. 그러다 보면 지금까지 가보지 않은 새로운 길은 잘 택하지 않게 된다. 새로운 길은 실패의 확률이 높고, 그럼으로써 외적 보상이라는 목적을 달성하지 못할 수 있기 때문이다. 그래서 다른 사람들이 많이 지나간 가장 빠른 길만을 택하게 된다. 그렇게 되면 창의적 사고나 문제발견이 더욱 어려워진다.

심리학자 콘드라이(Condry)는 외적 보상은 '탐구의 적'(enemy of exploration)이라고 지적했다. 인간의 탐구, 즉 새로운 발견과 미지의 세계에의 탐험, 모험 감수(risk-taking) 등은 모두 그러한 활동 자체에서

논쟁: 외적 보상이 내적 동기를 감소시킨다

창의성이 발현되기 위해서는 내적 동기가 중요하다는 점에 대해서는 큰 이견이 없지만, 내적 동기에 의한 활동에 대해서 외적 보상이 주어지면 내적 동기가 감소한다는 주장에 대해서는 반론도 만만치 않다. 내적 동기가 저하되지 않을 수 있다는 반대 주장의 근거로 두 가지를 소개한다.

먼저, 외적 보상이 통제적 기능을 하지 않고 정보적 기능을 하는 경우에는 내적 동기가 저하되지 않을 수 있다. 정보적 기능은 외적 보상이 '내가 상당히 능력 있는 사람이다', 즉 자신의 유능감을 상징적으로 시사하는 기능을 한다면 내적 동기가 감소되지 않을 수 있다는 것이다. 그래서 외적 보상의 유능감에 대한 정보적 기능으로 내적 동기가 감소하지 않거나 오히려 증가할 수도 있다고 본다. 실제로 다른 연구자들의 정교한 실험들에서는 데시나 레퍼의 실험결과와는 달리 내적 동기가 감소하지 않은 결과를 보였다. 더 나아가 최근에는 외적 보상이 창의성도 저해하지 않을 뿐더러 오히려 향상시킨다는 결과를 제시하기도 했다.

둘째, 과제의 특성에 따라서도 내적 동기 감소효과가 다르게 나타날 수 있다. 과제 특성은 크게 알고리드믹(Algorithmic) 과제와 휴리스틱(Heuristic) 과제의 두 가지로 구분할 수 있는데, 수행하는 활동이 알고리드믹 과제냐 휴리스틱 과제냐에 따라 내적 동기 또는 창의성이 감소하거나 그렇지 않을 수 있다. 알고리드믹 과제란 일정한 논리를 따라가면 반드시 정답을 찾을 수 있는 과제(예: 수학 문제)이며, 휴리스틱 과제는 단 하나의 분명한 정답이 없는 과제이다. 따라서 창의성이 요구되는 과제는 대부분 휴리스틱 과제이다. 알고리드믹 과제의 경우에는 외적 보상이 주어지면 수행 수준에 긍정적인 효과를 가져올 수 있다. 그러나 휴리스틱 과제를 수행하는 사람에게는 외적 보상이 오히려 수행(특히 창의적 수행)을 떨어뜨릴 수 있다. 즉, 무조건 외적 보상이 내적 동기나 창의성에 부정적인 영향을 미친다고 주장할 수는 없고, 과제 특성에 따라 다를 수 있다는 보다 유연한 입장을 가져야 하겠다. 그러나 창의성이 요구되는 활동(휴리스틱 과제)에는 내적 동기가 상당히 중요하며 외적 보상이 부정적 결과를 초래할 수 있음을 유념해야 한다.

오는 내적인 즐거움 때문에 가능한 것이다.

따라서 자신의 분야에서 창의적인 업적을 남기고 싶다면 일단 자신이 하는 일에 대한 내적 즐거움이 충만해야 한다. 자신의 일에 대한 높은 수준의 열정이 있어야 한다. 그럼으로써 다양한 각도에서 사물을 볼 수 있고, 다른 사람들이 보지 못하는 것도 볼 수 있고, 이것저것 다양한 실험도 해볼 수 있는 것이다. 그러한 과정에서 새로운 발견과 작품을 만들어 낼 수가 있다.

불광불급(不狂不及), 즉 '미치지 않으면 미치지 못한다'라는 말은 이러한 맥락에서 새겨볼 만하다. 한양대 정민 교수의 〈미쳐야 미친다〉에서는 조선시대 지식인들의 열정과 광기를 소개하면서 세상에 미치지 않고 이룰 수 있는 큰 일은 없다는 마니아들의 삶을 그리고 있다. 남이 도달하지 못할 경지에 도달하려면 미치지 않고는 안된다는 것이다.

박제가는 〈백화보서(百花譜序)〉에서 꽃에 미친 김덕형에 대해 기술하면서 다음과 같이 말하고 있다.

사람이 벽(癖)이 없으면 쓸모없는 사람일 뿐이다. 대저 벽이란 글자는 질(疾)에서 나온 것이니, 병 중에서도 편벽된 것이다. 하지만 독창적인 정신을 갖추고 전문의 기예를 익히는 것은 왕왕 벽(癖)이 있는 사람만이 능히 할 수 있다.

창의적인 인물들 중에는 정신질환이나 이상성격의 소유자가 상대적으로 많다는 것에 대해 정신병으로서의 질환이 아니라 다만 한 분야에 미친 사람들, 즉, 내적 동기와 열정, 그리고 몰입의 표현으로 보는 것이 정확할 것이다.

결국 무수히 많은 위험과 실패가 도사린 창조의 과정은 그 활동 자체에서 오는 내적인 즐거움과 충만감이 동반되지 않으면 이겨내기 어렵다. 따라서 창의성 발현의 3요소 중 내적 동기는 창조의 전 과정에서 필요로 하는 내적인 에너지인 셈이다.

창의적 사고기법 1

─ 브레인스토밍

브레인스토밍은

가장 기본적이고

널리 알려진

창의적 사고기법이다

창의적 사고의 방해요소들

인간은 누구나 창의적으로 사고하고 행동하려는 잠재력을 갖고 태어나고, 창의성 발현의 3요소를 갖추면 누구나 창의적일 수 있지만, 그것을 방해하는 요소들로 인해 사람들은 실제로 창의적인 생각이나 행동을 하기가 어렵다.

스탠퍼드 대학의 아담스는 자신의 책 〈*Conceptual Blockbusting*〉에서 이러한 방해물을 크게 3가지로 구분하고 있다. 첫 번째 방해물은 지각(perceptual)의 방해이다. 이것은 우리의 기존 지식이나 습관, 관습 등 너무나 친숙하여 있는 그대로 받아들여, 사물이나 대상의 새로운 의미나 측면, 두 사물 간의 새로운 관계 등을 보지 못하게 되는 것을 말한다. 이러한 인간의 사고 특성을 정신적 틀(mental set) 또는 기능적 고착(functional fixedness)이라고 부른다.

다음의 그림을 보자. 시름에 잠긴 늙은 노파가 보이는가? 아니면 고개를 젖힌 젊은 여자가 보이는가? 우리가 어떤 틀을 가지고 사물을 보는가에 따라 동일한 자극이라도 전혀 다르게 인식할 수 있음을 이 그림이 잘 보여준다.

〈역발상의 법칙〉의 저자인 로버트 서튼은 이러한 틀에서

벗어나기 위해 늘 해오던 것을 새로운 관점에서 보는 부자데(vu ja de)의 사고를 하라고 강조한다. 이것은 체험이 한 적이 없지만 마치 이전에 체험해 본 것 같이 느껴지는 기시감(旣視感)을 의미하는 데자부(de ja vu)를 뒤집어 만든 용어로, 이미 오랫동안 경험한 것을 마치 처음 보고 경험하는 것처럼 생각하고 행동하라는 의미이다. 비슷한 맥락에서 한 노벨상 수상자는 "발견이란 다른 사람과 똑같은 것을 보면서도 무엇인가 다른 생각을 하는 것"이라고 했다.

통계학자 월드의 한 가지 일화를 보자.

제2차 세계대전 중에 미국과 영국은 전투기가 격추 당하는 것을 막기 위해 전투기에 추가로 방탄재를 씌우기로 하였다. 비행기 전체에 씌울 수는 없어서 필요한 부분에만 씌우기로 하였는데, 어디에 씌워야 할지가 문제였다. 월드는 작전 수행 후 귀환한 전투기들에 남아 있는 총탄 자국을 모두 조사했다. 그 결과, 동체의 주요 부분, 즉 주날개 사이와 꼬리날개 사이에 남아 있는 자국이 다른 곳보다 훨씬 적다는 사실을 발견했다. 그는 결국 자국이 별로 없는 이 부분에 방탄재를 씌우기로 했다. 왜 그랬을까?

아마 여러분들은 총탄 자국이 많은 곳에 방탄재를 덧씌워야 할 것이라고 생각했을 것이다. 하지만 작전을 마치고 귀환한 비행기라는 점에 주목하기 바란다. 총탄 자국이 많은 비행기는 그곳에 그 많은 총탄을 맞고도 귀환할 수 있었지만, 총탄 자국이 적은 곳에 많은 총탄을 맞은 비행기는 무사 귀환을 하지 못했다. 즉, 주 날개와 꼬리날개 사이에 많은 총탄을 맞으면 추락한다는 것을 의미하는 것이다. 그래서 그 부분에 방탄재를 덧붙이기로 한 것이다.

당연히 총탄 자국이 많은 곳에 방탄재를 붙여야 한다는 것이 일반인의 상식이다. 하지만 그러한 것이 곧 정신적 틀 혹은 기능적 고착이다. 이러한 틀이나 고착으로부터 벗어나기 위한 기법이 이 장과 다음 장에서 다룰 창의적 사고기법이다.

두 번째 방해물은 정서적(emotional) 방해이다. 여기서 말하는 정서란 특히 분노, 두려움, 불안, 증오와 같은 부정적인 감정을 나타낸다. 즉, 실패에 대한 두려움이나 일반 사람들과 다르게 보이는 것에 대한 두려움, 불확실하고 모호한 상태에 대한 불안감, 또는 비난이나 조소의 대상이 되지 않을까 하는 불안, 거절 당할 때의 모멸감, 직장이나 가정에서의 지나친 스트레스, 나쁜 건강 등도 해당된다. 이처럼 지나치게 고양된 정서상태는 명확한 사고를 방해하며, 창의적 아이디어에 대한 주의집중을 저해하고 아무런 생각조차 못하게 만들기도 한다.

일반적으로 새로운 아이디어는 완벽하지도 않으며, 성공의 확신을 다른 사람들에게 설득하기도 쉽지 않은 불확실성이 내포되어 있다. 따라서 상당히 모험적이고, 모호하며, 평가하기도 어렵다. 이러한 아이디어를 잘못 드러내면 바보 취급 당할 가능성이 매우 높다는 점에서 불안과 두려움이 공존하는 것이다. 이러한 정서 상태를 극복하지 못하면 그 다음부터는 새로운 아이디어에 대한 생각조차 하지 않게 된다.

또한 아이젠(Isen)과 같은 심리학자는 즐겁고, 행복한 감정과 같은 긍정적인 정서 상태는 아이디어 발상에도 유익한 효과가 있다고 주장한다. 왜냐하면 긍정적인 정서 상태는 새로운 아이디어 발상을 위해 고려하는 요소들이 더 많이 머릿속에 연상되도록 하며, 문제의 다양한 측면을 보다 더 자유롭게 탐색하도록 함으로써 인지적 유연성이 증가하기 때문이다. 따라서 창의적 사고를 하기 위해서는 늘 즐거운 긍정적 정서 상태를 유지하는 것이 정서적 방해를 극복하는 방안이자 동시에 아이디어 발상에도 좋은 효과를 가져온다. 특히 조직의 리더는 유머 등을 통해 구성원들의 긍정적 정서 경험을 많이 하도록 하는 것이 중요하다.

셋째는 문화적(cultural) 방해이다. 이것은 창의성 발휘를 저해하는 환경적 요소들을 가리키는데, 전통이나 관습 또는 그동안 성공해 왔던 방식에 따르도록 강요하는 사회나 조직의 분위기, 리더의 특성이나 행동 등이 그 예이다. 이러한 요소들에 대해서는 뒤에서 살펴볼 것이다.

위와 같은 창의적 사고의 방해요소들을 헤쳐나가면서 문제에 대한 창의적인 접근법을 찾아가기 위해서는 창의적 사고기법이 필요하다. 이러한 기술은 훈련이나 학습을 통해서 길러질 수 있다.

창의적 사고기법들은 개인용 기법과 집단용 기법처럼 단순히 적용 대상에 따라 간단하게 분류할 수 있지만, 아이디어 생성(발상)을 위주로 하는 기법과 아이디어를 평가·개발·선택하기 위한 기법으로 나눠볼 수도 있다. 대부분의 창의적 사고기법들은 아이디어 발상을 목적으로 하여 확산적 사고를 유도하는 기법들이다. 반면에 이미 생성된 아이디어를 평가·개발·선택하기 위한 기법들은 주로 수렴적인 사고를 요구한다. 이 장과 다음 장에서 소개할 기법들은 확산적 사고를 도와주는 아이디어 생성기법들이다.

회의적인 회의

해결해야 할 과제가 주어졌을 때 집단은 주로 회의를 하게 된다. 회의는 다수의 사람들이 모여 당면한 문제를 해결하기 위한 가능한 방안들을 추출하고 그것들을 평가하여 실행안을 결정하는 것이다. 실제 세계에서는 무수히 많은 회의들이 있다. 하지만 회의가 그다지 효율적이지 못한 경우가 많다.

회의의 실태에 대한 몇 가지 조사 결과를 보자.

먼저, 가장 널리 알려진 회의의 실태에 관한 보고서로 3M의 경영연구소에서 작성한 보고서가 있다. 이 보고서에 따르면, 미국에서만도 하루에 1천 1백만 번의 공식회의가 있다고 한다. 이것을 합하면 1년 동안 휴일을 제외하고 무려 28억 번의 회의가 있을 것으로 추정된다. 그리고 기업이나 조직의 관리자들의 하루 일과 중 적게는 30%, 많게는 80%를 회의하는 데 소비하고 있다.

이러한 실태 조사에 의하면, 무수히 많은 회의들이 있고, 회의하는 데 상당히 많은 시간을 소비하고 있다는 것을 알 수 있다. 그런데 이런 회의들이 비효율적으로 운영된다면 그것은 매우 큰 손실이 아닐 수 없다. 그래서 미국의 한 대기업에서는 매년 비효율적인 회의 때문에 약 7천 5백만 달러의 손실이 난다고 추정했다.

회의의 실태와 관련해서 또 다른 조사 결과를 살펴보자. 미국 남가주 대학(USC)에서도 유사한 조사를 하여 그 결과를 보고한 적이 있다. 이 보고서에는 조직에서 회의가 어떻게 운영되는지를 실감나게 보여주는 몇 가지 사항들이 요약되어 있다.

첫째, 대개 문서로 작성된 회의주제는 없으며, 회의의 원래 목적은 50% 정도만 달성된다.

둘째, 회의 참석자들의 약 4분의 1은 관련없는 주제에 대해 토론하느라 11~25%의 시간을 낭비한다.

셋째, 회의 참석자들의 약 3분의 1은 개인적으로 동의하지 않는 의견에 대해 공개적으로는 찬성해야 한다는 압력을 느낀다. 즉, 자신이 별로 좋아하지 않는 안, 다소 부정적으로 생각하는 안에 대해 다른 사람들의 눈치 또는 윗사람의 눈치를 보아 마지못해 찬성해야 하는 압력을 느낀다는 것이다(박스의 애빌린 패러독스 참조).

넷째, 회의 참석자들의 약 3분의 1은 자신이 무슨 의견을 내든 회의 결과에는 전혀 영향을 미치지 못한다고 느낀다. 그렇다면 그 사람은 무슨 열의를 갖고 회의에 참석을 하겠는가?

다섯째, 회의 참석자들의 약 3분의 2은 토의해야 할 실제적인 주제가 지금의 회의 주제가 아니라 보다 근본적인 이슈라고 느낀다. 즉, 문제를 제대로 해결하기 위해서는 현안이 되는 주제 이외의 보다 근본적인 문제를 토의해야 된다고 생각한다는 것이다.

마지막으로, 전체 회의의 36%는 문제의 해결방안을 찾아내지만, 회

마지못한 동의 ─ 애빌린 패러독스(Abilene Paradox)

미국 텍사스에 한 가족이 살았다. 아버지는 늘 바빠서 주말이 되어도 가족들과 함께할 시간이 많지 않았다. 그래서 늘 미안한 마음을 갖고 있었다.

어느 일요일 아침에 아버지는 가족들에게 이런 말을 던졌다. "우리, 휴일이 되었는데 애빌린에 가서 하루 놀다 올까?" 사실 아버지는 이렇게 말했지만 속마음은 오늘도 하루 푹 쉬었으면 하고 바랐다. 하지만 미안한 마음에 그런 얘기를 했던 것이다. 그 제안을 들은 가족들은 서로 다른 사람들의 얼굴을 쳐다보며 아버지의 제안에 대해 부정적인 반응을 보이지는 않았다. 그래서 그 가족은 휴일 하루 애빌린으로 야유회를 갔다. 애빌린이란 곳은 가까운 곳이 아니었다. 차로 왕복 4시간은 족히 되었다. 게다가 휴일에 차가 막히면 몇 시간이 더 걸리곤 했다.

지친 몸을 이끌고 집으로 돌아온 다음 문제가 발생했다. 다들 집에 돌아와서는 지쳐서 불평을 하기 시작한 것이다. 그런 와중에 각자 자기 속마음을 얘기를 하게 되었는데 의외의 사실에 가족 모두가 놀랐다. 즉, 그 가족 구성원들 중 어느 누구도 애빌린에 가고싶어 하지 않았다는 사실이다. 아버지도 쉬고 싶었는데 미안한 마음에 그런 제안을 했던 것이고, 아내나 아이들도 그다지 놀러가고 싶은 생각이 없었는데 아버지가 모처럼 그런 제안을 해서 '못 가겠다'는 얘기를 못해서 마지못해 '그럼 가지요'라고 답했던 것이다. 결국 어느 누구도 가고싶어 하지 않았지만 모두가 갔다 온 것이다.

이것은 개인이 혼자 있을 때 판단하고 행동하는 것과 달리 집단 속에서 행동하고 판단할 때에는 집단 속 타인들의 영향을 받는다는 것을 잘 보여준다. 이와 유사하게 우리가 집단 속에서 활동을 할 때에는 타인들의 영향을 많이 받는다. 회의에서도 개인적으로는 동의하지 않지만 마지못해 공개적으로는 동의할 수밖에 없는 그런 상황에 처할 수 있는 것이다. 즉, 모두가 원하지 않는 곳에 가서 야유회를 하고 오는 꼴이 되는 것이다.

의 참가자들은 그러한 방안의 단 1%만이 창의적이었다고 생각한다. 즉, 회의를 통해 원하는 문제해결 방안에 이르긴 하지만 대부분의 사람들은 그 방안이 별로 창의적이었다고 느끼지 않는다는 것이다. 이것은 조직에서 이루어지는 수없이 많은 회의들에서 창의적인 문제해결 아이디어를 얻는 경우는 많지 않다는 것을 보여준다.

만약 실태가 이러하다면 그렇게 많은 회의를 하는 데 있어 보다 창의적인 사고기법이 필요하다.

이 장에서는 창의적 사고기법들 중 가장 기본적이라 할 수 있는 브레인스토밍 기법에 대해 살펴보자.

브레인스토밍

브레인스토밍(Brainstorming)은 BBOD라는 광고회사의 부사장이던 알렉스 오즈번(Alex Osborn)이 제안하여 1950년대에 출간된 그의 저서를 통해 널리 알려진 기법이다. 광고회사에서는 업무의 특성상 새로운 아이디어를 얻기 위한 회의를 많이 한다. 오즈번은 회의에서 보다 창의적인 아이디어가 많이 나오도록 하는 방법을 고민하다가 브레인스토밍을 고안해 냈다.

브레인스토밍은 다양한 창의적인 아이디어를 생성해 내려는 목적을 가진 집단이라면 어떤 집단에서든 사용될 수 있다. 그리고 이 방법은 원래 여러 사람이 모여서 아이디어를 낼 때 사용되는 방법으로 제안되었지만, 개인이 혼자 아이디어를 생성할 때에도 똑같이 사용될 수 있다.

브레인스토밍은 두 가지 원리에 기초를 두고 있다. 판단연기와 양우선 원리라는 것이다.

판단연기는 아이디어를 생성할 때 그 아이디어가 '좋다' '나쁘다' 라는 판단은 절대로 하면 안 되고, 나중에 별도로 해야 한다는 것이다. 그래서 아이디어를 생성하는 것과 아이디어를 평가하는 것을 엄격히 구분할 것을 요구한다.

양 우선 원리는 많은 아이디어를 생성하면 자연히 좋은 아이디어가 나온다는 것이다. 즉, 좋은 아이디어를 내겠다거나 질이 좋은 아이디어를 내겠다고 생각하지 말고 단순히 '많이 내겠다' 라고만 생각하라는 것이다. 많은 아이디어 속에는 반드시 질 높은 것이 있게 마련이다.

기본규칙

앞의 두 가지 원리로부터 브레인스토밍의 네 가지 규칙이 나온다. 브레인스토밍을 실시하기 전에 먼저 참석자들에게 이 네 가지 규칙을 충분히 숙지시켜야 된다.

첫째는 다른 사람들의 아이디어에 대해 절대 평가하거나 비판하지 말아야 된다는 것이다.

둘째는 떠오르는 생각은 아무리 이상하거나 조잡하거나 엉뚱해도 표현하라는 것이다. 오히려 이상하고 엉뚱한 것일수록 더 좋다.

셋째는 아이디어는 많으면 많을수록 좋다는 것이다. 앞에서 언급했듯이 아이디어의 질보다는 양을 우선한다.

넷째는 다른 사람들이 제안한 것을 개선하고 확장하거나 그것과 결합된 새로운 아이디어를 내놓는 것을 장려한다는 것이다. 집단에서 회의를 하면 다른 사람들의 아이디어도 듣게 된다. 그런데 다른 사람의 아이디어를 들으면 그것이 자극이 되어 또 다른 아이디어를 생각해 낼 수 있다. 이것을 집단 브레인스토밍에서의 상호 인지적 자극주기(cognitive stimulation)라고 한다. 참석자들 간에 서로 아이디어 발상의 자극을 주는 것이다. 한 아이디어가 자극이 되어 또 다른 아이디어를 생각해 내면서 꼬리에 꼬리를 물고 아이디어가 계속 생성될 수 있다.

절차

브레인스토밍의 첫 번째 절차는 사전준비이다. 사전준비에서는 회의 참가 예정자들에게 적어도 일주일 전에 회의의 전반적인 목적과 주제에 대해서 미리 전달해야 된다. 그리고 〈창의성 연습문제〉를 사전에 주어서 미리 한 번 연습을 해보게 할 필요가 있다.

브레인스토밍 집단을 구성할 때에는 다음과 같은 사항들을 참고해야 한다.

먼저, 집단의 크기는 5명에서 12명 정도가 이상적이다. 그리고 참가자들이 다양한 경험들을 가진 이질적인 사람들일수록 효과가 크다. 그 이유는 다양한 배경과 경험을 가진 사람들로 구성되면 상호 인지적 자극주기의 효과가 극대화되기 때문이다. 그리고 이 기법에 대한 경험이 많고 익숙한 사람들일수록 효과가 더욱 크다.

브레인스토밍에서는 진행을 맡는 사회자 이외에 참석자들이 낸 아이디어를 기록하는 기록자가 있어야 한다. 기록은 모든 사람이 볼 수 있도록 칠판에 하거나 큰 종이에 매직펜으로 적어 내려간다. 이렇게

[지시문]

'연필'의 용도를 가능한 한 많이 생각하여 아래의 기록지에 적어 보자. 이때 명심해야 할 사항은 다음과 같다.

- 아이디어를 많이 생각해 내는 것이 중요하다. 아이디어의 질은 따지지 말라.
- 떠오른 아이디어는 모두 적어라. 그것을 판단하거나 비판하지 말라.
- 긴장을 풀고, 장난기 있게 하며, 심지어는 바보같이 순진해지려고 노력하라.
- 시각과 관점을 바꾸어 보라(마치 여러분이 종이인 것처럼, 사막에서 길을 잃은 것처럼, 오케스트라의 지휘자인 것처럼 하여 '연필'을 들여다 보라).
- '만약 …이라면'과 같은 질문을 해보라(예: '만약 연필 속이 비어 있다면 어떻게 될까?', '만약 연필이 아주 크다면, 아주 작다면, 또는 둥글게 만든다면 어떻게 될까?' 등).

시간은 1분이다. 이제 시작해 보라.

하면 참석자들이 그것을 보고 자극을 받아 새로운 아이디어를 생각해 낼 수 있기 때문이다.

둘째, 실제 브레인스토밍을 시작하기 전에 워밍업을 위한 연습을 할 필요가 있다. 워밍업에서는 사회자가 브레인스토밍의 네 가지 규칙을 분명하게 설명해 주고 반드시 지킬 것을 강조한다. 그리고 난 다음에 간단한 연습으로 〈창의성 연습문제〉를 다시 한번 더 실시한다.

셋째, 〈창의성 연습문제〉 실시 후 아이디어 생성을 위한 브레인스토밍 단계에 들어간다. 먼저 사회자가 문제를 제시하고 이것의 해결을 위한 아이디어를 자유롭게 생성하도록 지시한다. 그리고 참석자들이 아이디어를 생성하는 과정에서 사회자는 새로운 아이디어가 자꾸 나올 수 있도록 자극하고 촉진하는 역할을 해야 한다. 이 과정에서 다음과 같이 사회자가 유의해야 할 몇 가지 점이 있다.

- 집단의 분위기는 편하고, 재미있고, 자유분방해야 한다.
- 아이디어의 질보다는 수를 중요시한다. 목표로 하는 아이디어의 수(예컨대 20개 또는 50개)를 미리 정해 놓고 할당된 시간 내에 도달하도록 할 수도 있다.
- 아이디어 생성을 위한 시간을 적절하게 정한다(20분~30분). 집단이 너무 소극적이고 아이디어 생성이 활발하지 못하면 5분 정도의 시간을 더 주고, "엉뚱하고 이상한 아이디어가 더 없을까요?"라고 말한다.
- 아이디어 생성단계에서는 다른 사람의 아이디어에 대해 판단하거나 비판하거나 냉소적인 발언을 하는 것을 금지시킨다. 사회자는 비생산적인 말이 나오지 못하도록 신경을 써야 한다. 예컨대, "그건 이미 다 해봤어", "뻔한 이야기를 하는군", "저런 걸 아이디어라고…" 등의 발언이다. 생성해 낸 아이디어를 평가하는 시간은 별도로 있다는 것을 주지시킨다.
- 사회자는 무엇보다 참석자들 간의 상호 인지적 자극주기를 촉진시키는 촉매자의 역할을 해야 하고, 다음과 같은 말을 친근하게 사용함으로써 아이디어 생성을 촉진시킬 수 있다.
  - 그것을 어떻게 하면 될까요?
  - 또 다른 어떤 것이 있을까요?

- 이 아이디어를 다른 어떤 것과 조합시킬 수는 없을까요?
- 좀더 얘기해 보세요.
- 어떻게 다르게 사용할 수 있을까요?
- 누가 이 아이디어를 더욱 발전시켜 갈 수 없을까요?
- 그렇게 하면 어떻게 될까요?

넷째, 브레인스토밍의 아이디어 생성단계에서 많은 아이디어들이 추출되고 나면 잠시 휴식기간을 가진다.

다섯째, 아이디어를 평가한다. 이 단계에서는 추출된 많은 아이디어들을 일단 주제별로 분류한다. 그리고 분류된 아이디어들을 심사하고 평가하여 타당하고 실현 가능성이 있는 몇 가지 아이디어를 선택한다. 그러고 난 다음 선택된 아이디어들을 보다 더 정교하고 현실에 적합한 형태로 개발하는 단계로 넘어간다.

아이디어 생성단계에서는 확산적 사고가 요구지만, 이 단계에서는 반대로 수렴적 사고가 필요하다. 그런데 수렴적 사고를 하는 과정에서도 앞서 제안된 아이디어들을 무조건 비판하거나 삭제하기보다는 보다 나은 방향으로 수정하고 개선해서 더 나은 것을 찾으려는 긍정적 판단의 태도를 가져야 된다.

이러한 브레인스토밍의 절차를 사용하면 독창적이고 창의적인 아이디어들을 많이 생성할 수 있다. 브레인스토밍의 효과는 브레인스토밍의 절차를 사용한 집단과 그 절차를 사용하지 않은 집단의 아이디어 생산성을 비교한 많은 실험연구 결과들에서 나타나고 있다.

브레인스토밍의 장점과 단점

장점

브레인스토밍의 장점은 참여자들 간의 상호 인지적 자극주기에 있다. 물론 다른 규칙들, 즉 양을 강조하거나 다른 사람의 아이디어에 대해서 비판하지 않도록 하는 것과 같은 중요한 규칙들도 있지만, 특히 집단 브레인스토밍에서 강조되어야 할 장점은 바로 상호 인지적 자극주기라는 것이다.

이것은 심리학자 메드닉(Mednick)의 연상주의(association)의 원리를 적용한 것이다. 즉, 한 사람이 제안한 아이디어는 다른 사람에게 연상을 일으켜 또 다른 아이디어를 내도록 자극하는데, 아이디어가 많이 제안될수록 새로운 연상(또는 연합)의 기회가 더욱 증가하고(유창성, fluency), 제안된 아이디어의 내용 범위가 더욱 확대되며(유연성, flexibility), 새로운 연상의 가능성도 더욱 커지고(독창성, originality), 또 앞서 제안된 아이디어보다 더 정교해질 수 있다(정교성, elaboration).

이 네 가지 측면인 유창성, 유연성, 독창성, 정교성은 확산적 사고의 4가지 요소인데, 결국 브레인스토밍은 확산적 사고를 촉진한다는 것을 알 수 있다.

단점

1950년대 이후 이루어진 브레인스토밍의 효과에 대한 많은 실험연구에 의하면 브레인스토밍의 규칙을 적용한 집단과 적용하지 않은 집단 간에는 아이디어의 생산성에서 의미 있는 차이가 있었다. 여기서 아이디어의 생산성이란 집단 구성원들이 산출한 아이디어를 유창성, 유연성, 독창성, 정교성 등의 차원에서 평가한 것을 말한다.

그런데 뜻밖의 결과도 있었다. 브레인스토밍 집단과 명목집단 간의 생산성 비교에서는 브레인스토밍 집단보다 명목집단이 더 높은 아이디어 생산성을 보였던 것이다. 명목집단(nominal group)이라는 것은 말 그대로 집단의 모양만 갖춘 명목상의 집단을 말한다.

실험 연구에서 명목집단은 다음과 같이 구성된다. 브레인스토밍 집단에 참석한 사람이 5명일 때 명목집단도 똑같이 5명으로 구성된다. 브레인스토밍 집단은 집단으로 아이디어를 산출하는 반면에, 명목집단은 각자 따로 아이디어를 산출한다. 즉, 명목집단의 5명은 브레인스토밍 집단처럼 다른 사람과 함께 상호작용하면서 아이디어를 내는 것이 아니라 혼자서 아이디어를 생성해 낸다. 물론 브레인스토밍의 일부 규칙들, 예를 들어, "질은 생각하지 말고 양을 중요시한다", "엉뚱한 것일수록 좋다"와 같은 규칙들은 지킨다.

그리하여 일정한 시간 동안 아이디어를 각자 산출한 다음 5명의 아이디어들을 전부 모은다. 그러다 보면 중복되는 아이디어가 있을 수 있다(반면에 브레인스토밍 집단은 중복이 없다). 중복되는 아이디어는 하나만 남기고 나머지를 제외시킨다. 그 다음 모든 아이디어의 개수를 계산하여 브레인스토밍 집단의 아이디어 개수와 비교한다. 이렇게 하면 대개 브레인스토밍 집단보다 명목집단의 아이디어 개수가 더 많다는 것이다. 이후의 연구들에서도 상당히 일관되게 명목집단이 더 높은 생산성을 보이는 것으로 나타났다.

연구자들도 이런 결과에 대해 상당히 의아해하면서 그 원인을 찾기 시작했다. 그리하여 브레인스토밍 집단의 생산성 손실의 원인을 다음과 같은 3가지로 요약했다.

첫째는 산출방해라는 것이다. 브레인스토밍 집단에서는 한 사람이 얘기하고 있으면 다른 사람은 얘기할 수가 없다. 회의를 하는 중에 좋은 아이디어가 생겨도 다른 사람이 얘기하고 있으면 자신이 바로 얘기할 수 없고 기다리다 보면 잊어버리기도 한다. 이러한 것이 산출방해이다. 브레인스토밍에 참여하는 사람들은 다른 사람이 얘기하는 걸 듣고 이해하고 또 자기 나름대로 아이디어를 생산해 내야 하기 때문에 인지적 부담이 상당히 크다. 이것이 바로 명목집단보다 브레인스토밍 집단의 생산성이 떨어지는 한 가지 이유이다. 연구자들은 산출방해를 집단 브레인스토밍의 생산성 손실의 가장 큰 원인으로 보고 있다.

둘째는 평가불안이다. 브레인스토밍의 4가지 규칙 중 "다른 사람의 아이디어에 대해 절대 비판하거나 평가하지 말라"는 규칙이 분명히 있음에도 불구하고 사람들은 여럿이 얼굴을 맞대고 얘기할 때 '내가 이런 얘기를 하면 다른 사람이 나를 어떻게 볼까'라는 염려를 하지 않을 수가 없다. 그래서 여전히 불안감이 있다는 것이다. 그래서 아이디어

브레인스토밍의 활용 - IDEO

브레인스토밍을 매우 효과적으로 활용하고 있는 기업이 있다. IDEO(아이디오)는 1978년 미국 팔로알토의 의류상가 2층에 자리한 작은 사무실에서 시작한 이후 현재 삼성, 애플, 마이크로소프트, P&G 등 세계 일류기업을 파트너로 갖고 있는 세계 최고의 디자인 기업이다.

스탠퍼드대의 경영학자인 서튼(Sutton)과 하거돈(Hargadon)은 IDEO에서 브레인스토밍이 어떻게 활용되고 있는지를 체계적으로 관찰했다. 그들은 브레인스토밍이 생산성이라는 지표만을 고려하기보다는 브레인스토밍이 참가자들에게 어떤 이득과 만족을 가져다 주는지, 그리고 조직의 목표나 기능에 어떤 기여를 하는지와 같이, 여러 차원에서 검토되어야 한다고 주장했다. IDEO에서 브레인스토밍이 가지는 효과에 대한 그들의 연구에 의하면, 첫째, 수없이 많이 이루어지는 집단 브레인스토밍은 제품을 설계하는 데 유용한 새로운 지식들을 생성하고 저장하고 결합하는 데 활용되고, 이러한 지식들은 조직 구성원들에게 전파됨으로써 전체 조직의 지식 수준을 높여준다. 둘째, 브레인스토밍은 디자이너들에게 보다 넓은 범위의 지식과 기술을 배우고 활용하고 확장할 기회를 제공했다. 특정 프로젝트의 초기에 이루어지는 집단 브레인스토밍에는 프로젝트 팀원 이외의 사내 다방면의 전문가가 초빙되어 토론하기 때문이다. 셋째, 집단 브레인스토밍은 직원들간의 신뢰 및 도움주기와 받기 같은 긍정적인 조직문화 및 규범의 생성에도 기여했다. 넷째, 집단 브레인스토밍 상황은 디자이너들 사이에 기술적 전문성에 기초한 자연스러운 경쟁의 장이 되었다. 다섯째, 집단 브레인스토밍을 통해 컨설팅 고객들에게도 좋은 인상을 남길 수 있다. 왜냐하면, 프로젝트 초기의 집단 브레인스토밍에 고객이 초대되며, 이 과정에서 고객들은 직원들의 전문성과 조직문화에 대해 긍정적인 인상을 갖게 되기 때문이었다.

이처럼 단순히 집단 브레인스토밍의 효과를 아이디어 산출량이라는 단순 지표만을 근거로 이 기법의 유용성을 논하기에는 이 기법이 기여할 수 있는 다양한 측면들이 있을 수 있다.

〈비즈니스 위크〉(2004. 5. 17)에 소개된 IDEO에서의 브레인스토밍은 일반적인 규칙에 더하여 다음과 같은 3가지 규칙이 추가되어 있다.

1) 시각화하라: 벽에 붙여 놓은 큰 포스트잇에 빨강, 노랑, 파란색의 마커로 아이디어를 기록하라.
2) 주제에 주의를 집중하라: 항상 주어진 주제에서 벗어나지 말고 집중하라.
3) 한 번에 한 사람씩 말하라: 중간에 끼어들지 말고, 무례하게 말하지 말라.

를 자유자재로 내지 못하게 된다는 것이다. 물론 브레인스토밍 집단은 비판금지라는 규칙을 정해 놓았기 때문에 브레인스토밍 규칙을 적용하지 않는 일반 집단보다는 생산량이 많긴 하지만 혼자 있을 때와는 달리 여전히 타인들을 의식한다는 것이다.

셋째는 무임승차이다. 집단상황에 있게 되면 항상 집단의 공동 노력에 대해 무임승차하는 사람들이 있게 마련이다. '다른 사람들이 얘기를 많이 하니까 나는 안 해도 되겠지', '다들 똑똑한 사람들이니까 나는 빠져도 되겠지'와 같은 생각을 하는 사람이 항상 있다. 브레인스토밍 집단에서도 적극적으로 집단활동에 참여하지 않고 다른 사람의 아이디어에 편승하거나 말을 아끼는 사람들이 있다.

이상의 세 가지 요소 때문에 브레인스토밍 집단의 생산성이 개별적으로 브레인스토밍을 하는 명목집단의 생산성보다 못한 것이다. 이런 단점을 극복하기 위해서 전통적인 브레인스토밍 방식을 약간 변형한 새로운 방식이 많이 나타났는데, 그 중 가장 널리 알려진 것이 브레인라이팅(Brainwriting)과 전자브레인스토밍(Electronic Brainstorming, EBS)이다.

변형 1: 브레인라이팅

브레인라이팅 집단은 4명에서 7명 정도의 소집단이 적절하다. 이보다 참여자 수가 많으면 전체 집단을 몇 개의 소집단으로 만들어서 동일한 주제를 가지고 각 소집단이 독립적으로 브레인라이팅을 하는 것이 좋다. 예를 들어 참여자 수가 20명이라면 5명으로 구성된 집단을 4개 만들면 된다.

브레인라이팅의 원리는 브레인스토밍과 동일하지만 절차상 약간 다르다. 먼저, 브레인라이팅에서는 브레인라이팅 용지를 사용한다. 용지의 특별한 형태는 없다. 다만 표가 그려져 있고 그 표 안에 여러 칸이 있는데, 각 칸에 자신의 아이디어를 써넣을 수 있다. 그리고 다른 사람이 쓴 아이디어도 볼 수 있다.

브레인라이팅을 시작하면 참석한 사람들에게 브레인라이팅 용지를 배포한다. 그 용지에는 자신의 이름을 기입하지 않는다. 용지를 받으면 현안문제에 대한 해결방안을 각자 나름대로 하나의 칸에 1~3개 정도 써넣는다. 그런 다음 그것을 중앙에 있는 탁자에 갖다 놓는다. 그러고 나서 다른 사람이 쓴 용지를 가져와 기록된 아이디어들을 읽어본 후 자신의 아이디어를 기록하고 다시 탁자에 갖다 놓는다.

즉, 참석한 사람들 중에 누구를 특별히 지정할 필요가 없이 누구나 탁자에 있는 용지를 가지고 와서 앞서 기록한 아이디어를 읽어보고 그것을 힌트로 하여 새로운 아이디어를 기록할 수 있다. 이런 식으로 한동안 반복하다 보면 많은 아이디어들이 나올 수 있다.

이처럼 중앙의 탁자에 갖다 놓는 방식도 있지만 보다 간단한 방법은 처음에 용지를 받으면 자신의 아이디어를 쓰고 둥글게 앉아 있는 옆 사람에게 전달하는 방법이다. 그리고 다시 옆 사람에게 용지를 받아 타인의 아이디어를 읽어 본 후 자신의 아이디어를 쓰고 다시 옆 사람에게 넘기는 과정을 반복한다.

이러한 과정을 거치는 브레인라이팅 기법은 면대면 브레인스토밍의 3가지 단점을 극복할 수 있는 장점이 있다.

첫째, 산출방해가 없다. 다른 사람이 아이디어를 산출하고 있기 때문에 자신은 하지 못하는 경우가 없기 때문이다. 탁자에서 용지를 가져오거나 용지가 옆 사람에게서 넘어오는 대로 바로 자신의 아이디어를 기록할 수 있다.

둘째, 평가불안도 없다. 무기명이므로 누구의 아이디어인지 확인할 수가 없기 때문이다.

셋째, 무임승차도 없다. 계속 돌아가면서 기록해야 하기 때문에 참석자들이 무임승차할 기회가 없다.

이런 측면에서 이 기법은 상당히 효과적이다. 실제로 기업에서는 브레인라이팅을 많이 활용한다. 새로운 아이디어를 내야 되거나 문제해결방안을 마련해야 할 때 아주 쉽고 간단한 방법이기 때문이다.

변형 2: 전자브레인스토밍

최근에는 IT기술의 발전으로 통신망을 통해 원거리에 있는 사람들 간에도 쉽게 커뮤니케이션을 할 수 있게 되었다. 그래서 브레인스토밍도 얼굴을 마주 보고 하거나 반드시 동일한 장소에 모여서 하지 않고 네트워킹된 PC를 활용하여 브레인스토밍을 할 수 있다. 이것을 전자

브레인스토밍이라고 한다. 인터넷상의 채팅이나 토론방도 어떤 이슈에 대해 토론하고 문제해결방안에 대한 의견을 나누는 전자브레인스토밍의 한 형태라고 볼 수 있다. 다만 브레인스토밍의 규칙을 숙지하고 지켜야 한다.

현재 외국에는 전자브레인스토밍을 지원하는 소프트웨어가 많이 개발되어 있다. 그룹시스템(GroupSystems)이나 아이디어 피셔(Idea Fisher), 비전퀘스트(VisionQuest), 팀포커스(TeamFocus) 같은 것들인데, 주로 미국에서 개발된 것들이다. 특히 그룹시스템이라는 소프트웨어는 상당히 널리 보급되어 있는데, 1980년대 후반에 개발되어 지금도 계속 새로운 버전이 나오고 있다. 이런 소프트웨어들은 전자브레인스토밍을 할 수 있도록 지원할 뿐만 아니라 전체적인 회의를 진행하는 데 도움을 주는 다른 많은 기능들도 있다. 그리고 창의적 아이디어를 자극하는 기능도 있다.

전자브레인스토밍도 다음과 같이 면대면 브레인스토밍의 3가지 단점을 모두 극복한다.

첫째, 산출방해가 없다. 다른 사람이 아이디어를 제시하는 동안에도 자신의 아이디어를 키보드로 입력할 수 있다. 전자브레인스토밍에서는 자신의 PC 모니터에 창이 여러 개 뜨면서 한 창에는 다른 사람이 입력한 아이디어가 계속 제시되고 그것을 보면서 아이디어가 생각나면 바로 키보드로 입력할 수 있다. 물론 자신이 입력한 아이디어도 다른 사람들이 모두 볼 수 있다. 동시입력이 가능하기 때문에 산출방해가 없는 것이다.

둘째, 아이디어를 낸 사람이 누구인지 알 수 없다. 따라서 평가불안이 없다(익명성 여부는 옵션 사항임).

마지막으로 참석자들이 적극적으로 아이디어 생성에 참여하는 경향이 있어 무임승차도 별로 없다.

이런 장점들 때문에 전자브레인스토밍도 브레인라이팅처럼 아이디어 생산량이 상당히 많다.

창의적 사고기법 2
— 기타 기법들

SCAMPER와 같은

창의적 사고기법으로

창의적인 아이디어를

생성해 낼 수 있다

SCAMPER

죽음을 목전에 둔 아버지가 두 자식 중 한 명에게만 유산을 상속시키려고 했다. 아버지는 두 자식이 모두 말을 가지고 있으므로 둘이 경주를 해서 늦게 들어오는 말을 가진 자식에게 상속을 하겠노라고 했다. 느리게 들어오는 말의 주인에게 상속한다고 했으므로 상속을 서로 받으려는 이들의 경주는 쉽게 끝날 것 같지가 않았다. 아버지가 사망하기 전에 경주를 끝내려면 어떤 방법을 쓰면 될까?

스캠퍼(SCAMPER)는 사고하는 사람의 상상력을 자극하는 적절한 질문들을 미리 정해놓은 것으로, 아이디어 발상이나 집단 회의를 할 때 그 준비된 질문들을 던짐으로써 참석자들이 보다 다양한 자극을 받고 상상력을 동원할 수 있도록 해주는 기법이다. 따라서 스캠퍼는 질문을 미리 체크리스트로 정해놓고 스스로(또는 사회자가) 질문을 하나씩 던져서 새로운 아이디어를 계속 낼 수 있도록 하는 것이다.

스캠퍼는 원래 브레인스토밍 기법을 제안했던 오즈번(Osborn)이 창의적인 사고를 자극할 수 있도록 제시한 질문 리스트에서 일부 주요한 질문만을 골라낸 것이다. 오즈번의 최초 질문 리스트에는 무려 75가지의 질문이 있었지만, 이후 그는 질문을 대폭 줄여서 9개로 축약했다. 오즈번의 질문 리스트를 에벌레(Eberle)가 더 축약해서 7가지로 간단하게 만든 것이 바로 스캠퍼이다.

스캠퍼는 그 7가지 질문에 해당하는 영어 단어의 첫 철자(initial)를 딴 것이다. S, C, A, M, P, E, R의 철자 하나 하나가 모두 7개의 질문에 해당한다.

(1) S(substitute, 대체)

SCAMPER의 첫 철자인 S는 대체(substitute)한다는 것이다. '다른 누가?', '다른 무엇이?', '다른 성분이라면?', '다른 과정을 거치면?', '다른 장소에서라면?' 등과 같이 기존의 것과 다른 것으로 대체하면 어떻게 되는지를 묻는 것이다. 그럼으로 해서 새로운 각도의 사고를 유도하는 것이다. 바로 위의 사례도 말을 바꿔타게 해서(대체) 경주를 시키면 빠른 시간 내에 성공적으로 일을 마무리할 수 있다.

기원전 3세기경 그리스 시실리 왕국의 히에론 왕은 자기의 왕관을 모두 순금으로 만들도록 명령했다. 그런데 평소 의심이 많던 임금은 그의 대장장이가 은을 섞어서 만들었을지도 모른다고 생각하고, 수학자 아르키메데스를 불러 왕관이 순금으로 만들어졌는지 확인하라고 명령했다. 아르키메데스는 그 문제를 가지고 오랫동안 씨름을 했다. 그러던 어느 날 공중목욕탕에서 자기가 욕조에 몸을 담글 때 욕조의 물이 넘쳐흐르는 것을 보는 순간 해결책이 떠올랐다. '욕조에 물을 채우고 왕관을 집어넣을 때 밀려나오는 물의 양과 왕관의 무게와 동일한 양의 순금을 집어넣을 때 밀려나오는 물의 양이 같은지 비교해 보면 된다!' 그는 목욕탕 안에서 뛰쳐나와 벌거벗은 채로 집을 향해 달렸다. "유레카! 유레카!(알아냈다)"라고 외치면서.

전구의 부피를 계산하게 된 수학자가 있었다. 전구는 구도 아니고 원통도 아닌 특이한 모양이었다. 이 수학자는 매우 똑똑한 사람이었지만, 문제가 그다지 쉽지 않았다. 수학자는 책이란 책은 모두 참고하고, 다양한 공식도 시도하고, 다른 사람에게 자문도 구했다. 수학자가 한창 일에 몰두하고 있을 때 에디슨이 산책에서 돌아와 말했다.

"바깥 날씨가 정말 화창합니다."

수학자는 내심 심드렁한 표정이었다.

'난 여기에 앉아 연필을 부러뜨려가며 문제를 풀고 있는데, 당신은 팔자좋게 산책이나 하셨구려.'

에디슨은 계속 말했다. "참, 내가 정말 멋진 소나무를 발견했지 뭡니까? 그런데 솔방울이 거꾸로 자라더군요. 당신은 그 사실을 알고 있었습니까?"

그 말을 한 직후 에디슨은 물 한 잔을 따르러 갔다. 그러나 컵을 사용하지 않고 수학자의 책상으로 걸어가 전구를 뒤집어들고는 거기에 물을 따랐다. 그런 다음 수학자에게 건네며 말했다.

"자, 여기 있습니다. 물의 양을 측정해 보시오."

직접적으로 부피를 측정할 수 없었으므로 아르키메데스는 물이 넘쳐흐르는 양으로 대체를 하여 측정했던 것이다. 에디슨 역시 물의 양을 측정함으로써 전구의 부피를 계산하라는 것이다. 실생활에서의 사례로는 휘발유 대신 LPG를 사용하는 자동차라든가 연탄재 벽돌, 종이컵, 나무젓가락 등이 대체의 예라고 할 수 있다.

(2) C(combine, 결합)

두 번째 철자인 C는 결합(combine)에 대한 질문이다. 스캠퍼 기법 중 가장 많이 활용되고 있는 결합은 두 가지 또는 그 이상의 것들을 혼합해서 새로운 것을 생각해 내는 방법이다. 그래서 '새로운 무엇과 혼합하면?', '여러 가지 목적들을 합하면?', '단어들을 조합하면?', '여기저기 있는 것들을 함께 모으면?' 등과 같은 질문을 던지는 것이다.

결합의 사례로는 나일론이 대표적인데, 나일론의 원료가 석유의 여러 부산물을 혼합해서 나온 것이다. 기존의 훌라후프에 발포 고무나 자석을 넣은 돌기를 부착하여 재미와 지압, 안마 효과까지 동시에 누릴 수 있도록 개발한 매직 훌라후프도 결합의 예이다. 또한 여러 가지 물건을 혼합한 것으로는 등산용 칼이 있는데, 이것에는 칼 이외에 드라이버, 병따개, 송곳, 손톱 정리기 등 여러 가지가 결합되어 있다.

카메라가 달린 휴대폰, 지우개 달린 연필, 필터 달린 담배, 시계 겸용 라디오, 인터넷이 되는 냉장고, 팩스와 복사기 및 스캐너가 달린 프린터 복합기 등은 우리가 흔히 볼 수 있는 결합의 예이다.

(3) A(adapt, 적용)

세 번째 철자인 A는 어떤 형태, 원리, 방법들을 다른 분야의 조건이나 목적에 맞도록 적용(adapt)할 수 있을까를 생각하는 것이다. 즉, '다른 곳에 적용하면?', '변환하면?', '각색하면?', '이것과 비슷한 것은?' 등과 같은 질문을 던지는 것이다.

소년 조셉이 양을 돌보고 있었는데 조금만 한눈을 팔아도 양들은 울타리를 넘어 이웃의 콩밭을 망가뜨렸다. 조셉은 그 때마다 주인에게 꾸중을 들었다. '어떻게 하면 양들이 울타리 밖으로 넘어가지 못하게 할까?' 이런 생각을 하던 소년은 어느 날, 양들이 뛰어넘는 모습을 유심히 관찰했다. 그러자 양들은 철사로 둘러친 울타리 쪽으로만 뛰어넘고, 가시가 돋힌 장미덩굴이 있는 쪽으로는 뛰어넘지 않았다. 양들의 속성을 알아낸 조셉은 대장간의 아버지를 찾아가 가시철조망을 만들도록 부탁했다. 그 후 가시철조망은 울타리뿐만 아니라 세계 각국의 육군이 사용하여 조셉 부자를 돈방석 위에 올려놓았다.

햄버거 모양을 따서 만든 전화기, 도시락 모양의 어린이용 책, 입술 모양의 루즈 케이스 등은 다른 상품의 형태를 빌려서 새로운 영역의 상품에 적용시킨 예이다. 신발이나 가방 등에 많이 쓰이는 벨크로(일명 찍찍이)도 씨앗이 옷에 달라붙는 원리를 응용한 것이다.

(4) M(modify: 수정, magnify: 확대, minify: 축소)

네 번째 철자는 수정(modify), 확대(magnify), 축소(minify)하면 어떻게 되는지에 대한 질문을 하는 것이다. '확대시키면?', '축소시키면?', '변형시키면?', '소리나 향기를 바꾸면?', '빈도를 높이면?' 등과 같이 현안이 되는 제품이나 대상의 크기, 모양, 색깔, 동작, 음향, 향기, 맛 등을 수정·확대·축소해서 변화를 주는 것이다.

1905년 미국 조지아주의 한 시골마을에서 태어난 루드는 가정형편이 곤란하여 중학교에 진학할 수가 없었다. 그래서 신문배달, 구두닦이 등을 전전하다가 유리병공장에 취직하게 되었다.

어느 날 루드는 코카콜라병 현상모집공고를 보았다. 그 공고에는 엄청난 현상금(최하 100만 달러 최고 1000만 달러)과 함께 모양이 예쁘고, 물에 젖어도 미끄러지지 않으며, 보기보다 양이 적게 들어갈 것이라는 조건이 달려 있었다.

그 후 루드는 다니던 유리병공장을 사직하고 콜라병 만드는 일에 전념했다. 그러나 좀처럼 코카콜라사가 제시한 조건에 부합하는 콜라병을 만들 수 없었다.

어느덧 기한인 6개월이 다 되어 갔다. 그 즈음에 콜라병 만들기가 어떻게 되었는지 궁금해진 여자친구 주디가 루드를 찾아왔다. 엉덩이의 곡선이 아름답게 드러나는 통이 좁고 긴 주름차마를 입고서….

루드는 주디의 모습을 보고서 "바로 그거야!" 하고 외쳤다. 그러고 나서 루드는 볼륨감 있는 주디의 몸매를 본뜬 유리병을 만들었다.

이튿날 루드는 병의 견본을 가지고 코카콜라사 사장을 찾아갔으나 사장의 반응은 시큰둥했다. "예, 참 좋은 병입니다. 그러나 가운데 볼록한 부분이 있어 이 컵보다 양이 많이 들어갈 것 같습니다. 유감스럽지만 그 병은 안되겠습니다."

하지만 루드는 병에 물을 가득 채운 다음, 다시 물을 그 컵에 따랐다. 그러나 겨우 컵의 80%밖에 채워지지 않았다.

결국 코카콜라사는 그 병의 대가로 600만 달러를 주었다.

수정은 기존의 것을 조금 변형해서 새로운 것을 만들어 내는 것이다. 용기의 끝부분을 구부려 혼자서도 몸 어디든 바를 수 있는 물파스 용기나 구부릴 수 있는 빨대가 수정의 대표적 예이다.

축소의 예로는 대부분의 전자제품들(노트북, 휴대폰 등)에서 많이 볼 수 있는데, 휴대하기 쉽도록 계속 크기가 작아지고 가벼워지고 있다. 장난감으로 나오는 미니카도 축소의 예이며, 관광지에서 팔고 있는 그 고장의 상징물을 작게 만든 것도 축소의 예이다. 한편, 볼링장 건물 위의 대형 볼링핀이라든가 영화 〈킹콩〉은 확대의 예이다.

(5) P(put to other use, 다른 용도)

다섯 번째 철자인 P는 '다른 용도로 쓰일 수는 없는지'(put to other use)를 묻는 것이다. 즉, 어떤 사물이나 아이디어를 다른 방법으로 활용하는 방법을 찾는 것이다. 그래서 '다른 용도는 없느냐?', '맥락을 바꾸면 어떻게 되느냐?', '약간 수정하면 다른 데 사용 가능한가?' 등과 같은 질문을 던져보는 것이다.

전세계 젊은이들이 즐겨 입는 청바지의 발명가는 천막천 생산업자였던 미국인 리바이 스트라우스(Levi Strauss)였다. 1850년대 초 샌프란시스코에서는 많은 양의 황금이 나왔다. 자연히 황금을 캐려고 모여드는 '서부의 사나이'들로 이른바 '골드러시'를 이루었고, 이에 따라 전 지역이 천막촌으로 변해갔다. 스트라우스는 이 와중에서 밀려드는 주문으로 톡톡히 재미를 보고 있었다.

어느 날 그에게 군납알선업자가 찾아와 대형천막 10만여 개 분량의 천막천을 납품하도록 주선하겠다고 제의했다. 뜻밖의 큰 행운을 잡은 스트라우스는 즉시 빚을 내 생산에 들어갔다.

공장과 직공을 늘려 밤낮으로 생산에 몰두해 3개월 만에 주문받은 전량을 만들어 냈다. 그런데 문제가 발생했다. 모든 희망을 걸었던 군납의 길이 막혀버린 것이다. 산더미만한 분량의 천막천이 방치된 채 빚 독촉이 심해지고 직원들도 월급을 내놓으라고 아우성이었다. 헐값에라도 팔아 밀린 빚과 직원들의 월급만이라도 해결하고 싶었으나 엄청난 양을 한꺼번에 사줄 사람이 나서지 않았다.

고민에 고민을 거듭하던 어느 날 스트라우스는 홧김에 술이라도 실컷 마셔볼 요량으로 주점에 들렀다가 놀라운 광경을 목격했다. 금광촌의 광부들이 옹기종기 모여 앉아 헤진 바지를 꿰매고 있는 것이 아닌가! "쯧쯧… 바지천이 모두 닳았군. 질긴 천막천을 쓰면 좀처럼 떨어지지 않을 텐데…." 스스로 무심코 내뱉은 말속에 바로 정답이 들어 있었다. 1주일 후 스트라우스의 골칫거리였던 천막천은 산뜻한 바지로 탈바꿈 돼 시장에 첫선을 보였다.

스트라우스의 청바지는 현재 리바이스라는 상표로 유명하다. 전세계적으로 대중화된 청바지의 탄생은 천막천을 다른 용도로 활용한 결과이다.

스카치 테이프와 더불어 3M의 대표적 제품인 포스트잇도 지금은 전세계적으로 안 쓰이는 곳이 없을 정도로 유명한 제품이다. 하지만 처음 개발되었을 때에는 접착력이 형편없어 사라질 처지에 있었다. 이때 한 직원이 뗐다 붙였다 하는 메모용지로 사용하면 되겠다는 아이디어를 냈는데, 이것이 시장에 나오자 일약 세계적인 제품이 되었다.

이 외에도 폐타이어로 방호벽을 만들거나, 종이 상자로 사물함을 만들거나, 폐기된 기차를 카페로 사용하는 것들이 이에 속한다.

(6) E(eliminate, 삭제)

여섯 번째 철자인 E는 사물의 어떤 부분을 삭제(eliminate)해서 새로운 아이디어를 떠올리는 방법이다. '특정 속성을 제거해버리면?', '이것을 없애버리면?', '부품 수를 줄이면?', '없어도 되는 것은?' 등과 같은 질문으로 새로운 아이디어를 얻는 것이다. 추를 없앤 시계, 무가당 과일주스, 노천극장, 덮개가 없는 오픈 카 등이 삭제를 적용한 예이다.

(7) R(rearrange: 재배열, reverse: 거꾸로)

마지막 철자인 R은 재배열(rearrange)하거나 거꾸로(reverse) 하면 어떻게 되는지를 묻는 것이다. 즉, 형식, 순서, 구성 등을 바꾸어서 새로운 상품이나 문제해결의 아이디어를 얻는 방법이다. '거꾸로 해보면?', '반대로 하면?', '역할을 바꿔보면?', '위치를 바꾸면?', '원인과 결과의 순서를 바꾸면?' 등과 같은 질문을 던져봄으로써 다른 각도로 문제를 바라보도록 하는 것, 즉 역발상을 하도록 하는 것이다.

재배열(rearrange)의 예로는 오전 9시부터 오후 6시까지의 근무시간을 오전 7시부터 오후 4시까지로 변경해서 오후 시간을 활용하는 방안이나, 매일 사무실에 출근하는 대신 집에서 사무를 보는 것 등이다.

거꾸로(reverse)는 앞과 뒤, 왼쪽과 오른쪽, 안과 밖, 위와 아래, 원인과 결과 등 형태, 순서, 방법, 아이디어를 거꾸로 뒤집어서 새로운 것을 떠올리는 방법이다. 여름에 겨울상품을 세일하거나, 티셔츠의 앞쪽에 넣던 무늬를 등쪽에 넣는다든지, 옷감을 뒤집어 만들어서 새로운 느낌이 들도록 하는 것, 그리고 벙어리장갑이나 다섯 발가락 양말 등이 그 예이다.

지금까지 스캠퍼의 7가지 질문을 살펴보았다. 이 기법은 실제로 여러 방면에서 많이 활용되고 있으며 많은 양의 아이디어를 짧은 시간에 얻을 수 있는 장점이 있다. 신제품을 개발한다든지, 새로운 아이디어를 생각한다든지, 여러 가지 현안 문제들에 대한 다양한 해결방안을 찾으려고 할 때, 주어진 문제에 대해서 이런 질문을 던져봄으로써 좋은 아이디어를 얻을 수 있다.

스캠퍼를 집단에서 사용할 경우 사회자가 7가지 질문들을 중간중간에 던질 수 있는데, 이것을 브레인스토밍 기법과 같이 사용하면 상당히 효과적이다.

결부법

결부법(synectics)은 고든(Gordon)이 1960년대에 소개한 방법이다. 결부법의 어원인 희랍어 synecticos는 '서로 관련이 없는 별개의 요소를 함께 맞추어 넣는다' 는 뜻이다.

결부법의 기본원리는 '친근한 것을 낯설게 한다든지 또는 낯선 것을 친근하게 한다' 라는 것이다. 결부법은 주로 은유(metaphor)나 유추(analogy)를 활용한다.

먼저 결부법에서의 핵심 포인트인 조작기제, 즉 유추적 사고에 대해서 살펴보도록 하자.

조작기제(유추적 사고)

결부법의 핵심은 바로 조작기제, 즉 유추적 사고에 있다. 결부법의 원리가 친근한 것을 낯설게 또는 낯선 것을 친근하게 한다는 것인데, 그 원리가 적용되는 기제가 바로 유추에 있다.

일반적으로 결부법에서 활용되는 유추는 크게 4가지로 분류해 볼 수 있다. 의인적 유추, 직접적 유추, 상징적 유추, 그리고 환상적 유추가 그것이다.

(1) 의인적 유추
의인적 유추는 자기 자신이 주어진 문제에서의 당사자가 되었다고 상상해 보고 당사자로서 느끼는 감정과 정서를 이용하는 것이다. 즉, 문제 장면에서 자신이 어떤 느낌이 들며 어떻게 행동할 것 같은지를 상상해 보는 것이다.

소크(J.E. Salk) 박사는 1952년 백신을 개발하여 어린 아이들의 소아마비 예방에 큰 도움을 준 사람이다. 그는 이런 얘기를 한 적이 있다. "나는 나 자신이 바이러스나 암세포인 것처럼 상상해 보고, 그러면 어떻게 되는지를 마음속에 떠올려 보곤 한다."

카메라 제조회사에서 카메라의 성능을 개선하려 한다고 가정하자. 카메라의 품질을 개선하거나 기능을 확대·축소·추가하는 등의 새로운 아이디어가 필요할 때 자기 스스로 카메라가 되었다고 상상해 보는 것이다. 자신이 문제의 당사자가 되어 봄으로써 느껴지는 감정, 정서 또는 행동 특징들을 간접적으로 체험할 수 있고, 이를 통해 제품의 개선 아이디어를 얻을 수 있다. 만약 카메라(자기 자신)가 어디에 부딪혀 아프게 느껴진다면, 카메라의 재질을 바꾸는 아이디어를 생각해 낼 수 있을 것이다.

다른 예로 백화점의 도둑 문제를 생각해 보자. 이 문제에 의인적 유추를 적용하려면 자기 자신이 도둑이라고 생각해 보면 된다. 자신이 도둑이 되어 백화점에 들어와서 물건을 훔치는 모습을 상상해 보면 어디에 문제가 있고 어디에 감시 카메라를 설치해야 되는지와 같은 아이디어가 떠오를 수 있다.

(2) 직접적 유추

직접적 유추는 유추 중에서 가장 많이 사용되고 효과가 큰 방법이라고 알려져 있다. 직접적 유추란 두 개의 현상 사이에 일련의 요소가 동일하다는 사실을 바탕으로 그것들의 나머지 요소도 동일하리라고 추측하는 방법이다.

일상생활에서 많이 사용되는 것 중의 하나로 '찍찍이' 라는 것이 있다. 가방이나 신발 등 다양한 곳에 붙였다 떼었다 할 수 있는 유용한 기능을 가진 제품이다. '찍찍이' 의 원래 상품명은 벨크로(Velcro)이다 [Velcro는 Velvet(우단)과 Crochet(코바늘 뜨개질)의 합성어이다]. 벨크

벨크로
위의 사진은 신발에 사용된 벨크로를 근접촬영한 것이다. 왼쪽은 갈고리(hook) 모양, 오른쪽은 고리(loop) 모양을 하고 있다. 그래서 붙이면 갈고리가 고리에 걸려서 잘 안 떨어지는 것이다. 그러나 옆으로 힘을 줘서 떼내면 떨어지는 형태로 되어 있다.

로의 원리는 Hook & Loop라고 할 수 있다. Hook는 낚시 바늘 같은 갈고리를 나타내고 Loop는 고리를 말한다. 그러므로 갈고리를 고리에 거는 식이다. 그리고 옆으로 힘을 주면 떨어지는 원리이다.

이러한 벨크로를 최초로 개발한 사람은 스위스의 산악인인 게오르게 데 마이스트렐(George de Maistrel)이다. 마이스트렐이 벨크로에 대한 아이디어를 얻게 된 것은 1948년 그가 등산을 하는 도중에 엉겅퀴 씨앗이 자꾸 옷에 달라붙는 것을 보고 이상하게 생각한 것이 계기였다. 그는 엉겅퀴 씨앗이 왜 옷에 달라붙는지 궁금하여 옷에 달라붙은 씨앗을 집에 가져와서 현미경으로 관찰했다. 그 결과 엉겅퀴 씨앗의 끝 부분이 갈고리 모양을 하고 있는 것을 알았다. 갈고리가 옷섬유의 고리에 걸려서 옷에 달라붙는 것이었다. 마이스트렐은 이 원리를 잘 이용하면 붙였다 떼었다 할 수 있는 제품을 만들 수 있을 것으로 생각하고, 오랜 노력 끝에 벨크로라는 상품으로 세상에 내놓게 되었다. 오늘날 신발이나 가방, 혈압계의 착탈 부분 등과 같이 다양한 품목에서 광범위하게 이용되고 있으며, 무중력상태의 우주여행에 필요한 물품들을 선실 내에 고정시키는 데에도 이용되고 있다.

직접적 유추는 해결해야 될 문제를 전혀 다른 어떤 사물이나 대상, 특히 생물체가 가지고 있는 특성과 관련지어 보는 것이다. 예를 들어 컴퓨터를 인간의 두뇌에 비유하는 것이다. 컴퓨터가 계속 발전되어 인공지능을 만든다고 했을 때 그것의 작동원리를 인간 두뇌의 작동원리에 직접적으로 유추해 볼 수 있을 것이다.

직접적 유추 — 프링글스 감자칩

몇 년 전 한 감자칩 생산자는 이전부터 자주 발생하는 문제점의 하나로, 감자칩이 느슨하게 포장되었을 때에는 감자칩 용기가 너무 커지고 더 작은 포장지로 포장되었을 때에는 부서지는 문제에 봉착했다. 감자칩 생산자는 직접적 유추법을 이용하여 이 문제를 해결했다. 감자칩과 유사한 현상이 일어나는 대상에는 어떤 것이 있을까? 마른 나뭇잎이 유사하지 않은가? 이런 유추는 정말 적절한 것이었다. 마른 나뭇잎은 아무리 부피가 크더라도 쉽게 부서지게 마련이다. 나뭇잎을 눌러보는 것이 어떨까? 그렇다면 감자칩도 어떻게든 평평하게 압착시킬 수 있지 않을까? 그러나 불행히도 여전히 부서지는 문제점은 해결되지 않았다. 그러나 나뭇잎은 건조되었을 때에는 압착되지 않지만, 습기가 있을 때에는 압착되는 것을 알았다. 따라서 감자칩도 묶음형태로 포장하기 위해서는 부서지지 않을 만큼 습기가 있어야 할 뿐 아니라 평평할 정도로 건조되어 있어야만 이 문제를 해결할 수 있다는 것을 깨달았다. 그 결과가 프링글스 감자칩이다. 프링글스 감자칩은 구운 감자가 둥근 통의 좁은 공간에 아주 얇게 썰어진 채 담겨져 있는 스낵 제품이다.

직접적 유추방법을 사용해서 새로운 아이디어나 발명, 발견을 해낸 사례는 매우 많다. 벨(Bell)은 인간의 귀의 구조를 모델로 하여 전화 수화기를 발명했으며, 영국의 건축가 브루넬(Brunel)은 좀조개벌레가 나무에 굴을 파들어가는 것을 보고 수중터널 건설방법을 고안해 냈다.

노벨상을 받은 물리학자 러더퍼드(Rutherford) 경은 원자의 구조를 밝힌 것으로 유명한데, 그의 원자모델은 원자를 하나의 작은 태양계로 생각한 직접적 유추에 의한 것이었다. 즉, 태양을 중심으로 여러 행성이 궤도를 도는 태양계에 유추해서 원자구조도 핵을 중심으로 전자가 궤도를 도는 유사한 형태가 아닐까 생각했던 것이다. 이런 유추와 직접적인 실험을 통하여 러더퍼드는 원자는 양의 전하를 가진 원자핵의 주위를 전자가 돌고 있다고 결론지었다.

이처럼 직접적 유추는 겉으로 보기에는 전혀 관련없어 보이는 어떤 대상(사물) 또는 생물체의 특성을 현안문제와 결부시켜 보는 것이다. 그래서 직접적 유추를 잘 활용하려면 평소 관련이 없어 보이는 현상이나 사물(생물체)에 대해서도 세심한 관찰을 하는 습관이 필요하다.

(3) 상징적 유추

상징적 유추는 문제를 새롭게 조명해 보기 위해서 어떤 추상적인 원리나 이미지에서 유추를 얻어내는 것인데, 주로 동화나 이야기의 상징적 인물 또는 어떤 사물이나 사건의 이미지에서 유추를 얻는 것이다. 일종의 은유(metaphor)라고 볼 수 있다.

인도 밧줄 묘기는 수천 명의 사람들이 목격한 신비한 묘기로 알려져 있다. 이 묘기는 다음과 같이 전개된다. 한 소년이 하늘에 밧줄을 던지면 밧줄은 땅에 떨어지지 않는다. 대신 이 밧줄은 신비하게 하늘로 올라가서 공중이나 어둠 속 혹은 안개 속으로 사라진다. 더구나 그 소년이 아무것도 지탱해 주지 않는 밧줄을 타고 올라가는데, 이 밧줄은 기적적으로 그 아이가 공중이나 어둠 속 혹은 안개 속으로 사라질 수 있도록 잘 지탱한다.

사실 이 묘기는 속임수를 이용한 것이다. 에딘버러 마술협회 회장인 라몬트(Peter Lamont)에 의하면 인도 밧줄 묘기는 1890년 〈시카고 트리뷴(*Chicago Tribune*)〉에 의해 부풀려진 사기극이라고 한다. 라몬

인도 밧줄 묘기의 선전 포스터

트는 이 신문이 마치 목격자가 있었던 것처럼 엉터리 이야기를 꾸며서 판매부수를 늘리고자 했다고 주장한다. 이 신문은 약 4개월 뒤에 이것이 사기극임을 밝혔다.

물론, 또 다른 설명도 있다. 예를 들어, 관객들의 집단 최면이라거나, 공중부양을 한 것이라는 설명, 또는 던진 밧줄이 숨겨진 어딘가에 매달려 있다는 설명, 그리고 기타 여러 가지 마술적 특성들이 제시되고 있다.

오늘날 많이 사용되는 자동차용 잭(car jack)은 인도의 밧줄 묘기의 이미지를 유추한 것이다. 자동차용 잭은 조그만 통에 들어갈 수 있도록 작아야 하고, 사용될 때에는 무거운 물건을 높이 지탱할 수 있어야 한다. 밧줄을 타고 올라가는 모습을 유추하여 자동차용 잭을 설계했던 것이다.

또한 '신데렐라 콤플렉스'라는 표현도 상징적 유추에 의해 만들어 진 말이라고 볼 수 있다. 신데렐라라는 동화 속의 인물과 이야기를 상징적으로 유추해서 신데렐라 콤플렉스라는 신조어를 만들어 낸 것이다. '파랑새 증후군'이나 '카멜레온과 같은 섬유'라는 표현도 상징적 유추에 의한 아이디어라고 볼 수 있다.

(4) 환상적 유추

환상적 유추는 현실적 가능성을 전혀 고려하지 않고 이상적인 해결 방안에 대한 이미지를 떠올려보는 것이다. 그래서 다소 어린 아이의 사고(일차적 사고)가 필요하다. 환상이라는 말이 의미하듯이 전혀 실현 가능성이 없어 보이더라도 나름대로 상상의 나래를 펴보는 것이다.

현실주의자가 보기에는 매우 허무맹랑한 이야기처럼 보이지만 그러한 상상의 나래를 펼쳐보는 것도 획기적인 아이디어를 내는 데 도움이 될 수 있다. 그리고 지금 보기에는 그러한 환상적 유추의 내용이 말도 안 되는 것 같지만 가끔 그것이 나중에 매우 획기적인 발명으로 인정받아 실현되기도 한다.

예를 들면, 안트로스코픽 서저리 디바이스(anthroscopic surgery device)라는 것이 있다(anthro=사람, scopic=탐사). 이것은 미세한 기계가 인간의 몸속에 들어가 외과수술을 하는 장치를 말한다. 아직까지는 이런 장치가 현실화되지는 않았지만, 어릴 때 만화책이나 공상과학 소설에서 이런 장치가 등장한 것을 본 기억이 있을 것이다. 우주선 모양의 아주 미세한 장치가 우리 몸속에 들어가서 우리 몸 곳곳을 여행하면서 치료를 하는 것이다.

이러한 환상이 21세기에 실현될 수 있을 것이라고 한다. 실제로 이런 장치가 잘 활용되면 암과 같은 불치병을 치료할 수도 있다. 이것을 MEMS(초소형 전자기술시스템, Micro Electro Mechanical System)기술이라고 한다. 마이크로 프로세서, 센서, 모터 등을 장착한 아주 미세한 로봇이 우리 몸속에 들어가서 암세포를 죽이는 것과 같은 작업을 하는 것이다. 환상이 현실적으로 가능하게 된 것이다.

이처럼 환상적 유추는 지금 당장에는 터무니없는 것 같지만 그런 환상을 가져보는 것은 획기적인 아이디어를 내는 데 도움이 될 수 있다.

절차

결부법은 개인이 혼자 할 수도 있지만 집단으로 하면 훨씬 더 효과적이다. 집단에서 결부법을 사용할 때에는 집단의 크기가 6~8명일 때 이상적이며, 사회자가 있어야 한다.

사회자는 전체적인 진행과정을 관장할 뿐 실제 아이디어 발상에는 관여하지 않는다. 그의 역할은 참가자들이 결부법의 규칙을 따르게 하고, 참가자들이 더 많이 생각하고 논의하도록 격려하는 것이다. 그리고 참가자들이 내는 모든 아이디어들을 기록하고 시간 관리를 하는 역할도 한다. 전체적으로 집단이 바른 방향으로 가고 있는지, 문제에 대한 좋은 아이디어들을 내고 있는지를 고객(문제해결을 의뢰한 사람)에게 중간에 알려주는 역할도 한다.

결부법의 특징은 "엄격해야 할 때까지는 느슨하고 자유롭게 있어라"는 슬로건에 잘 표현되어 있다. 자유롭게 사색하고, 상상하고, 독창적으로 되기 위해 일반적인 논리적, 지적 기준이 적용되지 않도록 의식적인 노력을 해야 한다.

결부법의 진행은 다음과 같은 5단계로 나누어 볼 수 있다.

(1) 문제의 진술과 간단한 분석

먼저, 문제를 의뢰한 고객으로부터 문제가 무엇이고 그 배경이 무엇인지에 대해 간략하게 설명을 듣는다. 결부법 집단의 구성원들은 '어떻게 하면'(How to …)의 진술 형태로 제시된 문제를 재진술하거나 의역해 본다. 이때 문제를 보다 환상적이고 도전적인 형태로 재진술해 볼 수도 있다. 사회자는 구성원 각자가 만들어 낸 이러한 진술들을 모두 용지에 기록한다. 그 다음 기록한 몇 가지 '문제들' 가운데 하나를 선택하여 이 문제를 가지고 진행한다.

문제를 듣고 있는 동안 어떤 해결책이 자동적으로 머리에 떠오르면 전문가에게 평가를 요구해 볼 수도 있다. 그 중 많은 경우는 이미 시도해 보았지만 안 되었던 것일 수도 있다.

(2) 탐색여행

이제 결부법의 '조작기제'를 사용하는 단계가 시작된다. 문제의 주제에 포함되어 있는 핵심단어를 한 개 골라서 그 핵심단어 또는 그와 유사한 단어를 가지고 몇 개의 '유추'를 만들어 보는 것이다. 예컨대 '정보 흐름'이라는 핵심단어가 있는 문제에서는 '강물의 흐름'이나 '교통의 소통' 등을 생각해 내거나 '시간 엄수' 문제에서는 '도로공사'를 유추로 사용하는 것과 같은 것이다.

몇 개의 유추를 생성하고 나면, 사회자는 그 가운데서 한 개를 선택한다. 유추의 선택은 구성원들의 흥미뿐만 아니라 현안문제와 얼마나 관련이 있는지에 따라 달라질 수 있다.

(3) 유추의 정교화

3단계에서는 선택한 유추를 보다 자세하게 분석하고 정교화한다. 유추의 내용이나 특징을 자세하게 정교화하기 위하여 의인적 유추, 직접적 유추, 상징적 유추 및 환상적 유추의 네 가지 조작기제 중 어느 것을 사용하느냐에 따라 진행은 다소간 달라질 수 있다. 의인적 유추를 사용한다면, 자신이 그 대상이 되었을 때 어떤 느낌이나 기분이 드는지를 나열해 본다.

(4) 강제 결부

이 단계는 유추에서 생성해 낸 아이디어들을 정교화하여 원래의 문제와 결부시키는 단계이다. 생성해 낸 아이디어와 1단계에서 선택했던 문제 진술이 어떻게 서로 관련되는지를 살펴보고 창의적인 견해를 생성한다. 다시 말하면, 생성해 낸 아이디어와 문제를 '비유'를 사용하여 서로 강제로 연결시킨다. 그러면 양자 사이에 어떤 공통적인 요소를 찾을 수 있다.

(5) 방안들의 실제 적용

결부법은 문제에 대한 새로운 시각을 마련하는 것으로 끝이 난다. 결부법에서는 문제를 새로운 방식으로 보는 것을 '견해(viewpoint)를 생성한다'고 말한다. 결국 결부법은 어떤 견해를 생성시키는 것으로 종결된다는 의미이다. 일단 어떤 견해가 선택되면 현실에 맞게 그것을 적용하고 변형해야 한다. 대개의 경우 이것은 전문가의 자문이 필요한 후속작업이다.

형태분석법

형태분석법(morphological analysis)은 요소분석형 강제연상법의 대표적 방법으로서, 행렬기법 또는 가능성 격자기법 등의 용어로도 불린다. 이것은 후에 캘리포니아 공과대학 교수가 된 츠비키(F. Zwicky)가 에어로제트사에 재직할 때 고안한 것으로 알려져 있다.

이 기법에서는 어떤 물건의 요인들을 파악하고 그 요인들의 가능성을 정렬하여 형태적으로 배열하여 가능한 모든 조합을 생각해 본다.

즉, 형태분석법에서는 체계적인 방법으로 가능한 한 많은 조합을 전개 시키기 위해서 바둑판 모양의 도표나 매트릭스를 사용한다.

이 기법은 발명에 매우 유용한 기법 중의 하나라고 알려져 있다. 특 히 다음과 같은 문제에 대한 탐색적인 아이디어를 얻는 데 유용하다.

- 새로운 제품이나 서비스를 개발할 때
- 기존 제품이나 서비스를 개선하고자 할 때
- 기존 제품에 새로운 재료를 적용하고자 할 때
- 새로운 시장을 개척하고자 할 때
- 새로운 기회나 장소를 모색하고자 할 때

절차

첫 번째 단계에서는 문제를 기술해 주는 가능한 차원들을 나열한다. 즉, 주어진 문제, 당면한 문제, 해결해야 될 문제에 포함된 가능한 차 원들을 2~3가지 선정한다. 예를 들면 신제품에 대한 아이디어를 얻는 것이라면 제품의 모양과 재료라는 두 차원을 생각해 볼 수 있다.

두 번째 단계에서는 선정된 차원별로 그 속에 포함된 여러 속성을 나열한다. 예를 들어, 자동차 신제품을 구상하는 경우라면 모양 차원 에서는 세단형, 유선형, 상자형 등과 같이 여러 모양의 속성을 생각해 낼 수 있다. 그리고 재료 차원에 있어서는 철, 플라스틱, 티타늄, 알루 미늄 등과 같은 속성을 열거해 볼 수 있다. 즉, 첫 번째 단계에서는 차 원을 정하고, 두 번째 단계에서는 정해진 차원별로 여러 속성을 나열

적용사례 — 새로운 핸드폰 개발을 위한 형태분석표

기능 ＼ 대상	전화	문자	카메라	게임	음악	스케줄	TV	계산기	알람·시계	충전기
현대적이다	1	20	28	15	6		21			22
예쁘다			2						13	
유익하다		27			26		7	5		
안전하다	24		16				29			
빠르다							12			
편리하다		9	8		10	11	4	25	30	
재미있다		14		3						
건강하다								23		
추억에 남는다			17			18	19			

▷ 아이디어의 예

1. 핸드폰 카메라를 이용한 화상전화 가능
2. 사진을 찍은 후 포토샵 처리 가능
3. 버튼을 누르면 조이스틱(게임할 때 손으로 잡고 좌·우·위·아래로 이동하는 장치)이 튀어나와 더 실감나는 게임 가능하게 함
4. 핸드폰 TV를 이용한 홈쇼핑 가능(장소에 구애받지 않음)
5. 공학계산기 가능
6. 간단한 자기만의 노래 작곡 가능
7. EBS 동영상 강의 가능(장소에 구애받지 않음)
8. 연속 사진 촬영 가능
9. 손으로 문자를 쓰지 않아도 음성 인식 문자 가능하게 함
10. 무선 이어폰 장착
11. 스케줄 음성 서비스
12. 어느 TV든지 리모콘 기능 사용가능
13. 시계처럼 손목에 찰 수 있는 디자인의 핸드폰
14. 문자 보낼 때 플래시 아이콘 첨가기능 추가
15. 여럿이 각자의 핸드폰으로 하나의 게임 동시 실행 가능(게임 안에서 친구들과 대결가능)
16. 몰래카메라 탐지기 설치
17. 칩 같은 것을 삽입하여, 사진 찍은 후 그 칩을 사진관에 맡기면 인화 가능
18. 스케줄에 그 날에 찍은 사진 첨가 가능
19. TV의 재미있는 부분 캡쳐 가능
20. 팩스 기능 가능
21. 여행할 때 내비게이션 가능
22. 충전기가 필요없이 핸드폰 자체로 태양열 충전 가능
23. 혈압측정 가능
24. 주인을 알아보는 핸드폰 지문인식기능 첨가
25. 과일의 당도 측정가능(과일 구입시 편리함)
26. 악보를 화면에 제시
27. 타자 속도 측정 가능
28. 목소리 인식으로 촬영 가능
29. 위급상황시 위치 또는 범인사진 보내기
30. 지하철 내리는 역 알람 설정

해 보는 것이다.

세 번째 단계에서는 각 차원에서 나열된 속성들 간의 새로운 조합을 구성해 보는 것이다. 즉, 한 차원의 속성을 다른 차원의 속성과 서로 결합시켜 보는 것이다. 이렇게 조합을 만들어 가다 보면 그럴 듯하고 유망한 아이디어를 찾아 낼 수 있다. 예를 들어, 재료 차원에서 알루미늄과 모양 차원에서 유선형이 결합되어 '알루미늄으로 만든 유선형 자동차' 라는 아이디어를 생각해 낼 수 있다.

마지막 단계는 이렇게 차원별로 여러 속성들 간의 조합을 만들어 가다가 얻게 된 몇 가지 좋은 아이디어들을 실현 가능성을 기준으로 평가해 보는 것이다.

형태분석법은 이처럼 문제의 차원 선정 및 각 속성들을 나열하고 그 속성들을 강제로 연결시켜 보는 것이다.

앞의 사례에서는 핸드폰을 개발하기 위한 아이디어를 얻기 위해 형태분석법을 적용한 경우이다(표 내부에 있는 번호에 해당하는 아이디어가 밑에 제시되어 있다).

속성열거법

기존 아이디어와 개념 및 원리를 결합하거나 수정하여 새롭고 기발한 아이디어로 이끌어 내는 것은 창의적 사고의 기본 전제이다. 그러한 측면에서 속성열거법(attribute listing)은 문제의 성질, 특성, 한계 등을 명확하게 하여 변화를 손쉽게 하고 그 변화를 통해서 새로운 아이디어를 생성 또는 발전시킬 수 있는 기법이다.

이 기법은 비교적 간단하면서도 새로운 아이디어를 발전시키는 데 유용한 기법이다. 이 기법은 한편으로는 교실에서 학생들의 토론을 촉진하는 도구로 사용될 수도 있으며, 다른 한편으로는 공정과 제품 또는 서비스 개선 기회를 찾기 위한 아이디어 창출기법으로도 활용될 수 있는 등 무한한 가능성을 내포하고 있는 기법이다. 형태분석법이 조합의 원리에 초점을 맞추고 있는 반면, 속성열거법은 수정의 원리에 초점을 맞추고 있다.

이 기법은 1930년대에 미국 네브래스카 대학 교수인 크로포드(R. Crawford)가 개발한 것으로 알려져 있다. 이 기법은 새로운 아이디어가 막혔을 때 또는 너무 한쪽으로 치우친 아이디어만 나올 때 새로운 아이디어가 나오도록 유도하기 위해 사용되어 왔다. 이 기법에서는 문제해결방안이나 개선 아이디어를 찾기 위해 관련 제품(또는 서비스나 공정)의 속성을 체계적으로 변화시키거나 다른 것으로 대체한다.

절차

속성열거법은 다음과 같이 4단계로 진행한다. 속성들을 작성하기 위해서는 종이와 연필, 칠판, OHP(over head projector) 등이 필요하다.

제1단계에서는 제시된 문제를 명확하게 하거나 재진술해 보는 등 문제 자체를 검토한다.

속성열거법을 통한 시리얼 신제품 개발

- **모양**   : • 둥근모양, 별모양, 격자무늬모양
  → 칸초처럼 시리얼 위에 캐릭터를 찍어 놓은 모양
- **색깔**   : • 색소가공(화학색소) → 천연 재료를 통해 색 가공
- **맛**   : • 과일맛, 초코맛이 주류
  → 야채맛(당근, 감자, 오이) 고구마맛 등 영양이 많은 시리얼
- **포장**   : • 단순한 사각박스 포장
  → 다양한 용기 개발(예: 육각형 상자, 샐러드 팩)
  • 한 가지 맛이 한 상자에 있음
  → 한 포장 안에 여러 가지 맛을 담아 판매
  • 단순하게 상자에 넣어서 판매
  → 1회용 개별 포장(햇반처럼)으로 편의점에서 1회용 음식을 사먹듯 쉽게 즉석에서 먹을 수 있도록 함
- **크기**   : • 300g, 600g → 1인용, 2-3인용, 5-6인용 등으로 나누어 판매
- **먹는 방법**   : • 대부분 우유에 타서 먹음
  → 샐러드, 아이스크림, 스프 등 다양한 음식 위에 얹어 먹을 수 있도록 개발
- **영양**   : • 5대 영양소(특히 탄수화물)에 치중됨
  → 클로렐라, 식이섬유 등 건강제품으로 개발

제2단계에서는 제품(또는 서비스나 공정)의 성격 혹은 속성을 모두 나열한다. 문제에 관련된 구성요소 또는 속성요소를 브레인스토밍을 통하여 만들어 볼 수도 있다. 칫솔의 경우, '플라스틱으로 만든다', '손으로 조작한다', '물과 치약이 필요하다' 등의 속성이 있다.

제3단계에서는 참가자들이 각 속성에 대해 변경이나 대체 가능성을 체계적으로 논의하고 아이디어를 낸다. 이런 과정은 흔히 문제에 대한 해결방안이나 개선 기회를 찾는 것으로 연결된다. 아이디어를 기록한

후에는 그 아이디어를 검토하고 논의하고 발전시킬 수 있다. 예를 들어, '플라스틱으로 만들어져 있다' 라는 속성에 대해 플라스틱이 아닌 다른 재료 또는 방법으로 만들 수는 없는지 생각해 보는 것이다. 그래서 환경친화용 재료를 사용하거나 일회용 재질로 만드는 것 등 다른 가능성에 대해 생각해 보는 것이다. '손으로 칫솔질을 한다' 라는 속성에 있어서도 손이 아닌 다른 방법이 가능한지를 생각해 볼 수 있는데, 전동식 칫솔이 이런 절차를 통해 나온 아이디어라고 볼 수 있다. 이런 식으로 기존 모델의 여러 가지 속성을 나열하고 그 속성들마다 개선 가능성을 따져보는 것이다.

제4단계에서는 이전 단계에서 생성된 아이디어의 실행 가능성을 보다 면밀히 검토한다. 검토 결과, 평가 과정을 통과하고 참가자들로부터 찬성을 얻은 아이디어를 실행에 옮긴다.

속성열거법을 사용할 때에는 다음과 같이 주의할 점이 있다.

먼저, 제품의 가장 기본적이고도 본질적인 속성에 집중해야 된다. 제품의 주변 속성에 매달리면 효과가 별로 없다.

둘째, 속성을 너무 많이 열거하면 시간적으로 그다지 효과적이지 못하다. 따라서 한 번에 7개 정도의 속성을 추출해서 각각에 대해서 아이디어를 내는 것이 바람직하다.

육색 사고모

수직적 사고뿐만 아니라 수평적으로도 사고할 수 있도록 도와주는 기법으로 드 보노(De Bono)가 제안한 것이 육색 사고모(six thinking hats) 기법이다.

드 보노는 '수평적 사고'(lateral thinking)라는 개념을 제안하여 창의성 분야에 널리 알려진 사람이다. 그는 수직적 사고와 대비되는 사고형태로서 수평적 사고라는 개념을 제안했고, 수평적 사고를 하도록 도와주는 다양한 기법과 교육 프로그램을 개발한 것으로 유명하다.

드 보노에 의하면 보통 사람들은 수직적 사고에는 상당히 능숙하지만 수평적 사고는 잘 하지 않는다고 한다. 수직적 사고는 어떤 아이디어나 제안의 맞고 틀림을 따지기 위한 선택적이고 논리적이고 비판적인 사고이다. 이것은 수렴적 사고와 유사한 측면이 있다. 이러한 수직적 사고는 학교 교육 과정을 통하여 많이 습득된다.

반면, 수평적 사고(또는 측면적 사고)는 현재의 것과는 다른 아이디어나 방법을 찾거나 다르게 보는 관점을 모색하는 변화지향적 사고를 말한다. 이것은 확산적 사고와 유사한 측면이 있다. 수평적 사고가 창의적 사고를 위해 필요한 사고양식임에도 불구하고 보통 사람들은 수평적 사고에는 익숙지 않다.

드 보노는 인간의 사고형태를 6가지 색깔의 모자에 비유했다. 모자의 각 색깔이 나타내는 것은 다음과 같다.

① 백색모: 중립적이고 객관적인 사고이다. 이것은 엄격한 사실과 정확한 정보에 기초한 사고양식을 나타낸다.

② 적색모: 감정이나 정서의 사고이다. 어떤 아이디어나 정보에 접했을 때 좋거나 나쁜, 또는 우울한 감정에 의한 사고를 나타낸다. 백색모와는 대비되는 사고양식이다. 백색모가 철저하게 감정이 배제된 딱딱하고 엄격한 중립적·객관적 사고라면, 적색모는 좋고 싫음과 같은 감정적 표현이 분명한 사고라고 할 수 있다.

③ 황색모: 긍정적 사고와 낙관적 사고를 상징한다. 그래서 문제와 사실에 대해 긍정적으로 보고 모든 것을 낙관적으로 보는 희망의 사고를 나타낸다.

④ 흑색모: 매사를 부정적이고 비판적으로 보는 사고를 가리킨다. 황색모와 대비된다.

⑤ 녹색모: 창의적 사고를 나타낸다. 녹색은 대개 만물이 생성하는 푸르름, 그리고 결실을 맺는 다산의 의미를 갖는다. 그래서 녹색모가 바로 확산적(발산적) 사고를 상징한다.

⑥ 청색모: 지휘자의 사고를 나타낸다. 청색모를 쓰면 자기 스스로 아이디어를 개진하기보다는 다른 사고모를 쓴 사람들을 지휘하고 감독하고 조직화하는 역할, 즉 사회자의 역할을 한다.

드 보노는 육색모를 소개하면서, 개인적으로 사고의 스타일을 다양하고 유연하게 만들고 싶으면 6가지의 사고모를 바꿔 써가면서 생각하는 연습을 자주 해보는 것이 좋다고 했다.

육색 사고모 기법을 창의적인 아이디어 발상에 활용하기 위해서는 지켜야 할 절차가 몇 가지 있다.

첫째, 황색모가 흑색모보다 먼저 오도록 해야 한다. 이것은 먼저 긍정적 사고를 통해 다양한 각도에서 문제를 볼 수 있도록 한 다음에 비판적 사고로 냉정하게 평가해야 함을 나타낸다. 그리고 육색 사고모를 활용할 때 목적이 무엇인가에 따라 모자를 쓰는 순서가 다르다. 일반적으로 아이디어를 생성하는 것이 목적일 때에는 백색모→녹색모→황색모→흑색모→적색모의 순서로 쓰는 것이 좋고, 아이디어를 평가하거나 판단할 때에는 적색모→황색모→흑색모→녹색모→백색모의 순서로 모자를 쓰는 것이 좋다. 항상 황색모가 흑색모보다 먼저 나온다.

둘째, 집단으로 육색 사고모를 활용할 경우에는 청색모를 쓴 사람이 사회자 역할을 하고 집단 구성원들 각자는 서로 다른 사고모를 쓴다. 그래서 구성원 각자는 자신이 쓴 모자가 상징하는 사고만을 하도록 한다. 집단에서의 이런 방식의 연습을 통하여 집단 구성원들은 사고의 형태가 다양하다는 것도 체험할 수 있다.

마인드 맵

마인드 맵은 토니 부잔(T. Buzan)이 개발한 것으로 창의적 사고를 도와주는 기법이다. 마인드 맵은 원래 직선적 노트하기에 대한 대안적인 접근법으로 소개된 것이다. 예를 들어, 우리가 강의를 들을 때 그 내용을 노트에 기록한다. 처음에 무슨 말을 했고 그 다음 무슨 말을 했는지를 직선적으로 이어서 적어내려 간다. 그런데 이러한 직선적 노트 방식은 별로 효율적이지 않다는 문제의식에서 시작된 것이 바로 마인드 맵이다.

마인드 맵으로 그린 사례를 보자.

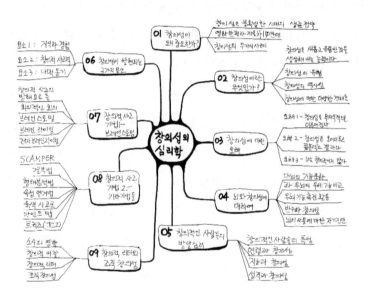

위의 그림은 이 책 〈창의성의 심리학〉 내용을 비직선적 노트방식으로 정리한 것이다. 책의 내용이 상당히 일목요연하고 체계적으로 정리되어 있음을 알 수 있다. 그리고 전체 내용이 한눈에 들어오는 형태로 정리되어 있어서 서로 다른 개념들 간의 연결도 보다 손쉽게 머릿속에 그려볼 수 있다.

그러면 왜 마인드 맵이 창의적 사고에 효과가 있을까?

그 이유는 첫째, 인간의 대뇌는 방사적 사고를 한다. 인간의 뇌는 무수히 많은 신경세포들 간의 연접(시냅스)을 통해 구성되어 있으며, 이러한 복잡한 연결 네트워크에 의한 사고가 방사적 사고이다. 그리고 그러한 방사적 사고를 노트 위에 그려낸 것이 마인드 맵이며, 이것이 곧 우리 마음의 지도이다. 달리 표현하면, 네트워크가 상징하는 방사적 사고와 유사한 형태가 바로 마인드 맵의 실제 그림들이므로, 결국 인간 뇌의 작동원리와 유사한 형태로 사고의 내용이 정리되는 것이 마인드 맵이다. 이러한 방사적 사고는 창의적 사고를 대표하는 확산적(발산적) 사고와도 유사하다.

둘째, 창의적인 성과를 내기 위해서는 좌우반구 간의 효과적인 상호작용이 요구된다. 마인드 맵을 하게 되면 좌반구적 사고뿐만 아니라 우반구적 사고도 사용하기 때문에 좌우반구 전체를 활용하는 사고를 가능하게 한다.

셋째, 보다 실제적인 문제로서, 인간의 주의집중시간은 제한되어 있다. 인간의 주의(attention)의 특징은 선택과 집중에 있는데, 주의집중시간은 대개 길어야 5~7분 정도밖에 되지 않기 때문에 오랫동안 특정 주제에 집중할 수가 없다. 마인드 맵은 인간의 주의집중의 한계를 잘 이해하고 있는 기법이다. 그래서 마인드 맵은 짧은 시간 내에 폭발되는 많은 아이디어와 생각을 종이 위에 효과적으로 정리되도록 하는, 특히 핵심단어 중심으로 잘 정리가 되게끔 하는 효과적인 방법이다.

마인드 맵은 다음과 같이 작성한다.

① 백지와 색펜을 준비한다. 줄이 쳐진 종이는 생각을 펼치는 데 제한을 주므로 백지를 준비해야 되고, 색펜은 일반적으로 주 가지의 수만큼 준비한다(보통 5색).

② 풍경화를 그릴 때처럼 백지의 전체 공간을 자유롭게 사용한다.

③ 종이를 가로로 길게 펼쳐 놓은 뒤 중심에서부터 시작한다.

④ 주제의 핵심 이미지를 종이의 중심에 그린다.

⑤ 이미지의 중심에서 가지를 하나씩 쳐나간다. 이 가지 위에 단어, 그림 또는 심볼을 그리거나 이들을 혼합해서 각 위치에 올려놓는다. 이미지와 연결된 쪽은 그보다 세부적인 내용을 담은 가지보다 두껍게 하고, 선의 형태는 팔이 몸에 붙어 있듯이 혹은 나무 몸통에 가지가 붙어 있듯이 한다.

⑥ 주제에서 부주제로 차례로 뻗어나간다(주제보다 가는 선으로 연결).

트리즈(TRIZ)

미국에서 브레인스토밍이 창의적 아이디어 발상기법의 대명사라면 구소련에서는 트리즈(TRIZ)가 유명했다. 이것은 공산국가에서 개발된 것이어서 한동안 서구세계에는 잘 알려져 있지 않다가 최근에 전세계적으로 보급되어 현재에는 차세대 경영혁신 도구로 각광을 받고 있는 기법이다.

트리즈는 구소련의 과학자 알트슐러(G.S. Altshuller)가 1946년 소련의 우수한 특허와 기술혁신 사례들을 분석하여 찾아낸 창의적 발명원리들을 체계적으로 제시한 것으로, 창의적 문제해결이라는 의미의 러시아어 머릿글자(Teoriya Reshniya Izobretatelskikh Zadatch)를 조합한 말이다. 영어로는 TIPS(Theory of Inventive Problem Solving)라고 불린다.

트리즈에서는 '모순'이 핵심 개념이다. 트리즈가 대상으로 하는 문제의 특성을 이해하기 위해 먼저 다음과 같은 사례를 생각해 보자.

금속 파이프를 제조하는 공장이 있다. 이 금속 파이프는 지름이 크기 때문에 금속 두루마리를 접합해서 만든다. 금속 두루마리의 한쪽 끝을 기계에 주입하면 기계가 이것을 접합하여 파이프를 만든다. 접합된 파이프는 기계로부터 1초당 2피트의 속도로 나온다. 12피트 길이의 파이프를 만들고 싶다고 생각해 보자. 회전톱은 파이프의 길이가 12피트가 될 때마다 자르기 시작한다. 이 톱은 파이프가 기계로부터 나오는 것과 보조를 맞추어서 이동하게 된다. 파이프를 자르고 나면 회전톱은 원래의 위치로 되돌아간다. 따라서 되돌아가는 시간을 고려하면 파이프의 절단시간은 6초를 초과하지 않아야 한다.

이 사례에서 파이프를 좀더 빠르게 자르기 위해서는 강력한 회전톱이 필요하다. 그러나 이러한 회전톱은 크고 무겁기 때문에 파이프를 따라 이동하는 속도가 늦어질 것이다. 또한 회전톱의 이동속도를 빠르게 하기 위해 작고 가볍게 만든다면 파이프의 절단시간이 길어질 것이다.

시스템은 살아있는 유기체와도 같아서 이처럼 시스템의 한 부분을 변화시키면 다른 부분에 부정적인 영향을 미친다. 이와 같은 상황을 '모순'이라고 부른다. 알트슐러는 이러한 모순을 포함하는 문제를 창조적 또는 발명적 문제라고 정의했다. 따라서 창조적 또는 발명적 문제해결이란 이러한 모순을 제거하는 것이다.

트리즈는 일반적으로 다음과 같은 두 가지 유형의 모순을 제거할 수 있는 방법론을 제공한다. 기술적 모순과 물리적 모순이 그것이다.

기술적 모순(technical contradiction)은 빔의 강도를 높게 하려면 무게가 증가하는 것처럼 시스템의 파라미터(parameter, 매개변수) A를 개선하면 다른 파라미터 B가 악화되는 경우를 말한다. 일반적으로 기술적 모순의 해결에는 상호절충이 고려되어 왔다. 하지만 모순을 일으키는 두 개의 파라미터 간의 적절한 타협점을 설정하는 이러한 해결책은 모순을 근원적으로 제거하지는 못한다.

트리즈는 기술적 모순을 제거하기 위한 두 가지 방법을 제공한다. 하나는 모순행렬에서 제시하는 발명원리를 이용하는 것이고, 다른 하나는 물리적 모순으로 변환한 후 이를 해결하는 것이다.

물리적 모순(physical contradiction)은 가령 면도날은 면도 성능을 높이기 위해서는 날카로워야 하지만, 피부 손상을 막기 위해서는 무뎌야 하는 것처럼 어떤 상황에서는 증가하기를 원하고 다른 상황에서는 감소하기를 원하는 파라미터가 있는 경우, 혹은 어떤 상황에서는 있어야 하지만 다른 상황에서는 없어야 하는 파라미터가 존재하는 상황을 말한다.

물리적 모순은 분리원리를 이용하여 해결할 수 있다. 이 방법에는 시간에 의한 분리와 공간에 의한 분리, 그리고 부분과 전체에 의한 분리의 세 방법이 있다.

(1) 시간에 의한 분리

시간에 의한 분리는 하나의 속성을 어떤 때에는 높이고 다른 때에는 낮추거나 혹은 하나의 속성을 어떤 때에는 살리고 다른 때에는 없애는 방법이다. 다음의 사례를 보자.

어떤 건물들은 말뚝의 힘에 의해 지탱된다. 말뚝을 땅에 쉽게 박기 위해서는 끝이 뾰족해야 하지만, 이 경우 건물을 지탱하는 힘이 감소된다. 또한 지탱하는 힘을 증가시키기 위해서는 말뚝 끝이 무뎌야 하지만, 끝이 무디면 말뚝을 땅에 박기가 어렵다. 이러한 상충되는 두 가지 성질을 타협하여 말뚝 끝을 둥글게 만드는 것이 종래의 상식이었다.

말뚝을 땅에 쉽게 박기 위해서는 끝이 뾰족해야 하고, 지탱하는 힘을 증가시키기 위해서는 끝이 무뎌야 한다. 이것이 이 경우의 물리적 모순이다. 하지만 뾰족한 말뚝 끝에 폭발물을 내장하여 땅에 박은 후에 터뜨리면 문제는 해결된다. 이것은 물리적 모순을 시간적으로 분리한 예이다.

비행기의 바퀴 역시 물리적 모순을 시간에 따라 분리한 예이다. 비행기의 바퀴는 이착륙시에는 필요하지만 비행 중에는 방해가 된다. 따라서 비행기가 이착륙을 할 때에는 바퀴를 내리지만 비행 중에는 기체 속으로 넣는다.

(2) 공간에 의한 분리

둘째, 공간에 의한 분리는 하나의 속성을 한쪽에서는 높이고 다른 쪽에서는 낮추거나, 혹은 하나의 속성이 한쪽에서는 존재하고 다른 쪽에서는 존재하지 않게 하는 방법이다. 다음의 사례를 보자.

초기의 자전거는 다음 그림과 같은 모습이었다. 페달을 밟는 만큼 자전거가 나아가기 때문에 속도를 증가시키기 위해서는 페달을 빠르게 밟든지, 아니면 바퀴의 지름을 크게 해야만 했다. 그러나 바퀴의 지름을 크게 하면 사람이 올라타기가 어려울 뿐 아니라 바퀴를 회전시키는 데에도 많은 힘이 든다. 자전거의 속도를 높이기 위해서  는 바퀴의 지름이 커야 하고, 페달을 쉽게 밟을 수 있도록 하기 위해서는 지름이 작아야 한다. 이것이 이 경우의 물리적 모순이다.

이 물리적 모순을 어떻게 하면 해결할 수 있을까? 해결책은 간단하다. 현대의 자전거와 같이 체인을 이용하여 발을 구르는 부분과 바퀴를 회전시키는 부분을 분리하면 된다. 이것은 물리적 모순을 공간적으로 분리한 예이다.

(3) 부분과 전체에 의한 분리

부분과 전체에 의한 분리는 전체 시스템의 수준과 부품 수준에서 각기 다른 속성값을 갖도록 하거나, 혹은 하나의 속성이 전체 시스템의 수준에서는 존재하지만 부품 수준에서는 존재하지 않게 하는 방법이다. 예를 들어, 바이스의 주요 기능은 힘을 균등하게 분포시켜서 작업물을 고정시키는 것이다. 일반적으로 바이스는 규칙적인 형상을 고정시킬 수 있도록 설계된다. 따라서 불규칙적인 형상을 가진 작업물을 고정시키는 것은 매우 힘들다.

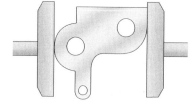

물체의 형상이 불규칙한 경우에도 쉽게 사용할 수 있는 장치를 설계하고자 할 경우 '바이스는 단단하면서도 부드러워야 한다' 는 물리적 모순을 해결해야 한다.

해결책은 아래 그림과 같이 불규칙한 작업물과 바이스 사이에 작고 단단한 물체를 여러 개 채운다. 이렇게 하면 작업물과 바이스가 밀착되고, 바이스를 조이면 작업물은 고정된다. 이삿짐을 꾸릴 때 도자기 등을 박스에 넣고 신문지

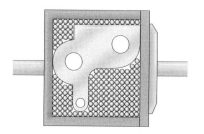

나 비닐 등으로 공간을 채워 고정시키는 식이다. 이것은 물리적 모순을 부분과 전체로 분리한 예이다.

이처럼 트리즈는 프로젝트를 수행하면서 직면하는 난관이나 모순을 해결하는 데 도움이 되는 다양한 방안을 제공해 준다. 따라서 연구개발이나 기술혁신 또는 발명과 같은 상황에서 많이 활용될 수 있는 매우 실용적인 기법이다.

현재 트리즈는 차세대 경영혁신 도구로 본격적으로 각광을 받고 있으며, 미래시장을 선점할 수 있는 무기로 인식되어 트리즈를 선택하는 기업도 늘고 있다. 인텔, 포드, 보잉, P&G, BMW, 지멘스, 필립스, 파나소닉 등 세계적인 기업들이 모두 트리즈를 도입했으며, 삼성, LG, LS, 포스코 등 트리즈를 도입한 국내기업에서도 놀라운 성과를 내고 있다.

집단과 조직의 창의성

집단이나 조직에서의

개인적 창의성은

촉진될 수도 있지만

오히려 저하될 수도 있다

인간은 사회적 동물이다. 따라서 개인이 아무리 높은 창의적 잠재력을 가지고 있다고 하더라도 항상 함께하는 타인들의 영향을 알게 모르게 받는다. 그 때문에 집단이나 조직에서의 개인적 창의성은 촉진될 수도 있지만 저하될 수도 있다.

20세기 초까지만 해도 개인적 창의성에만 주목했다. 특히 미국에서는 19세기 말에서 20세기 초까지 에디슨이 살던 이 시기를 소위 '발명의 시대'라고 하는데, 이 시기에는 개인적 창의성만이 중요시되었다. 그래서 아주 뛰어난 천재적인 사람에게 여러 가지 물자와 장비를 지원해 주고 새로운 발명을 해주기를 기대하던 시대였다. 즉, 창의적인 인물은 외로운 영웅적 발명가(lone heroic inventor)로서 기대를 한몸에 받았다.

그러나 20세기 중반 이후 개인적 창의성의 시대는 서서히 물러났다. 요즘에 와서는 창의적 산물이 개인 단독의 결과라기보다는 여러 사람들 공동의 노력의 결과인 경우가 더 많다. 한 개인의 힘만으로는 첨단 테크놀로지와 같은 신기술 분야뿐만 아니라 비즈니스 분야에서도 성공하기 쉽지 않게 된 것이다. 그래서 집단 창의성이라는 주제가 중요한 테마가 되고 있고, 특히 집단을 이끄는 리더가 매우 중요한 기능을 한다고 볼 수 있다.

이 장에서는 집단과 조직에서의 창의성에 대해서 살펴본다. 집단에서 다수가 아닌 소수는 집단의 창의성에 어떤 역할을 하는지, 소수가 배제된 집단의 결정에서 나타나는 부정적 결과인 집단사고, 그리고 집단을 이끄는 창의적 리더와 조직 창의성을 살펴볼 것이다.

먼저, 집단 창의성과 관련하여 집단에서의 소수는 집단에 어떻게 영향을 미치는지부터 시작하자.

소수의 영향

민주주의 사회에서는 다수결의 원칙을 적용하기 때문에 다수의 의견이 존중되고 채택된다. 이것은 민주적인 방식으로서 적절한 형태라고 볼 수 있다.

하지만 집단의 의사결정 상황을 관찰해 보면, 대개 집단에서 지배적으로 관철되는 의견이 있으면 그것에 반대하는 집단 내 소수의 의견이 있게 마련이다. 집단에서 지나치게 다수의 의견만이 채택되고, 소수의 의견을 억압하여 항상 소수가 굴복하게 되면 집단의 창의성은 기대하기 어렵다.

그 이유는 다수가 소수에게 미치는 영향을 살펴보면 알 수 있다.

첫째, 다수의 영향을 받은 소수의 입장 변화는 초기에 나타나는 경향이 있다. 즉, 다수의 영향력은 제법 빨리 효과가 나타난다는 것이다.

둘째, 소수의 입장 변화는 대개 공개적인(겉으로 드러나는) 수준에서 동조의 형태로 나타난다. 이 말은 소수는 공개적으로는 다수 의견에 동조하지만 사적인 수준에서는 공감을 하지 않을 수도 있다는 것이다.

셋째, 다수가 소수에 영향을 미치면 다수의 주장 자체에만 초점을 맞추게 된다. 사람들은 다수의 입장과 관련된 측면들에만 주의를 집중함으로써 수렴적 사고를 하게 되고, 새로운 것을 모색하기보다는 이미 주장된 것을 단순히 재검토하고 수용만 하게 된다는 것이다. 이렇게 되면 집단 내에서는 수렴적 사고가 지배한다. 앞에서 보았듯이 창의적인 아이디어는 확산적 사고를 통해서 나오게 되는데, 다수가 소수에게 영향을 미치는 과정에서는 다수의 의견 자체에만 주의를 기울이게 됨으로써 수렴적 사고만 하게 된다. 그럼으로 해서 창의적인 아이디어가 분출되기가 어렵다. 따라서 다수가 너무 지배적인 영향력을 행사하고 지나치게 다수결의 원칙이 지켜지면 집단이 창의적일 수가 없다.

'사회적 영향'이라는 주제에 대한 사회심리학의 연구들은 다수의 영향력, 즉 다수가 소수에게 어떤 영향을 미치느냐에 관한 것이 대부분이다. 표준선분과 길이가 같은 선분이 3개 중에 어느 것인지를 맞추는 과제에서 가짜 피험자인 다수의 사람들이 엉뚱한 선분이 같다고 했을 때 진짜 피험자가 자신의 생각을 버리고 다수 의견에 동조하는 애쉬(Asch)의 동조실험은 바로 다수가 소수에게 영향력을 행사해서 다른 판단을 하도록 한 사례이다.

하지만 이와 반대로 소수도 다수에게 영향력을 행사할 수도 있다. 소수가 자신감 있고 일관적으로 자기의 입장을 계속 제시하면 소수도 다수에게 영향을 미칠 수가 있다.

심리학자 네메스(Nemeth)는 다수와 소수가 창의력에 미치는 영향을 알아보는 실험을 고안했다. 표준 기하학 도형이 보다 복잡한 패턴 속에서 기억되는지 혹은 그렇지 않은지를 결정하는 과제를 대학생들에게 주었다. 그리고 다수파의 영향(네 명의 실험협조자)과 소수파의 영향

(두 명의 실험협조자)을 모의실험하기 위해 실험협조자들을 활용했다. 네메스는, 다수파는 자기들이 옳든 그르든 피험자들이 자기들의 판단에 수렴하도록 만들어야 하는 반면에, 소수파는 사전에 다수파에 의해 명확히 규정되어 있지 않은 기발하고 정확한 반응(예를 들면, 다른 복잡한 패턴들 속에 있는 표준 도형을 정확히 구별하는 것)을 하도록 유도한다는 사실을 발견했다. 간단히 말하면, 다수파의 영향은 단순히 동조를 촉진하거나 혹은 다수의 판단을 별다른 생각 없이 따라가게 하는 데 기여했다. 그와 달리 소수파의 영향은 문제를 다시 분석하는 데 영향을 미치고, 그 과정에서 보다 창의적이고 정확하게 일이 진행되도록 유도했다는 것이다.

그러면 소수가 다수에게 영향을 미치는 과정에 대해 살펴보자. 집단 내에서 소수가 다수에게 미치는 영향은 다음과 같이 나타난다.

첫째, 소수가 다수에게 영향을 미칠 때 다수의 입장 변화는 대개 시간이 상당히 지난 후에 나타난다. 앞에서 다수가 소수에게 영향을 미칠 때에는 소수의 입장 변화가 초기에 나타난다고 했는데, 소수가 다수에게 영향력을 미칠 때에는 상당히 시간이 지난 다음에 효과가 나타나는 경향이 있다.

둘째, 다수의 의견 변화는 공개적인 수준보다는 사적인 수준에서 발생하는 경우가 많다. 그래서 다수가 소수에게 미치는 영향을 '동조'라고 한다면 소수가 다수에게 미치는 영향은 '전환'(conversion)이라고 한다. 소수의 영향을 받은 다수는 공개적으로는 여전히 소수 의견에 대해서 회의적인 시각을 보이지만 마음속으로는 '저들의 얘기가 맞을 수도 있다' 와 같이 생각을 한다는 것이다. 앞에서 다수가 소수에게 영향을 미칠 때 소수가 공개적으로는 '그렇습니다. 여러분 말이 옳습니다' 라고 하지만 속으로는 자기 생각을 계속 가지는 양상과는 반대되는 것이다.

셋째, 소수가 일관되게 자신의 주장을 견지하면 집단 내에서는 문제 자체에 대해 다시금 원점에서 재검토하는 과정이 촉발된다. 그래서 문제 해결을 위해 지금까지 고려되지 않았던 새로운 대안들을 모색하고 다각도로 현상을 바라보도록 유도함으로써 다수 또는 모든 집단 구성원들이 문제 해결을 위해 더 많은 인지적 노력을 동원하도록 유도한다. 이것은 집단 내에서 확산적 사고가 지배한다는 것을 나타낸다. 소수의 영향에 접한 다수는 문제 상황의 여러 측면들에 더 많은 주의를 기울이게 되고(주의의 확대), 더욱 확산적으로 사고하게 됨으로써 새로운 해결 안에 이를 가능성이 커지게 된다.

앞에서 다수가 소수에게 영향을 미칠 때는 다수의 의견 자체에만 주의가 한정되고(주의의 협소화) 수렴적 사고를 하게 된다고 했는데, 소수가 다수에게 영향을 미치는 과정에서는 최초 문제 자체에 대한 보다 확대된 시각을 갖게 하고 다양한 의견들을 생각해 내도록 하는 확산적 사고를 집단 구성원들에게 요구하게 된다. 그렇게 됨으로써 집단 구성원들은 모두 보다 더 창의적인 아이디어를 찾아낼 수 있게 된다. 이런 과정은 일관되고 자신감 있게 자신의 입장을 계속 주장하는 소수가 있음으로써 가능한 것이다.

소수의 의견이 다수의 영향력에 의해서 일방적으로 묵살되거나 소수의 의견이 수용되지 않는 집단보다는 소수가 보호되어서 지속적이고 일관적으로 자신들의 의견을 개진할 수 있는 집단에서 보다 더 창의적인 해결방안이 나올 가능성이 크다. 소수의 영향력에 대해서 관심을 가지는 이유가 바로 이러한 측면 때문이다.

창의적 마찰

먼저 하나의 사례로서 'NASA의 달 생존문제'라는 퀴즈에 대해 살펴보자.

우주선이 달 기지에서 수백 마일 떨어진 곳에 좌초하면서 탐사팀이 조난당한다. 다행히 큰 부상자는 없고 화물도 대부분 건질 수 있다. 그런데 불행히도 원래 기지로 모두를 운반해 갈 수는 없다. 따라서 생존에 중요한 일부 품목만을 가져가야 하므로 어떤 것을 가져갈지를 결정해야 한다. 팀원들은 산소통이나 물, 음식, 성냥, 낙하산, 나침반 등을 포함해 물건들의 중요 우선순위를 정해야 한다.

이러한 생존문제를 제시하고 어떤 경우에는 집단 구성원들이 토의를 통해 하나의 우선순위 리스트를 결정하라고 했고, 또 어떤 경우에는 각자 우선순위를 매겨서 나중에 각 집단 구성원들의 우선순위를 평균하여 하나의 우선순위 리스트를 만들도록 했다.

'객관적으로 올바른' 답안(NASA 전문가들이 미리 결정해 놓은 답안)과 비교했을 때 일반적으로 집단의 결정은 개인들이 매긴 최후의 우선순위와 비교해 볼 때 별로 나을 것이 없었다. 집단 토의를 거치는 것이 효과적이지 못하다는 이러한 결과는 앞에서 설명한 브레인스토밍 집단이 명목집단보다 생산성이 낮은 결과를 보인 것과 유사하다.

그러나 뒤이은 실험에서 일부 집단에게는 집단 토의시 다음과 같은 특별한 규칙을 지키도록 했다.

- 단지 갈등을 피하고 합의와 조화를 이루기 위해서 당신의 생각을 바꾸지는 말라.
- 객관적으로 논리적으로 적절한 근거를 전혀 갖지 못하는 결과가 나오더라도 견뎌라.
- 의견의 차이를 자연스럽고 도움이 되는 것으로 간주하라.

이 지시를 따른 집단은 보다 창의적인 것으로 판단되었으며, 한 집단에서 가장 우수한 사람의 답안보다 75% 이상 뛰어난 우선순위 해법에 도달했다. 이러한 결과는 집단내 의견차이 및 어느 정도의 갈등은 창의적 문제해결에 유익한 기능을 한다는 것을 시사한다.

일반적으로 집단 구성원들은 서로 유사한 특성과 경험 및 사고양식을 가지고 있다. 그래서 서로 편하고 친밀한 관계를 형성하기도 쉬워 집단 응집성이 높을 가능성이 크다. 그러나 집단 응집성이 높은 것이 때로는 창의성에는 도움이 되지 않는다. 대신 집단의 다양성이 높을수록, 즉 구성원 각자가 개성이 있고 경험이나 지식 등이 다양할수록 집단은 보다 더 창의적일 수 있다. 다만 다양성으로 인한 구성원들 간의 갈등을 건설적으로 해결한다는 전제하에서이다.

실험실에서 이루어진 연구결과를 보면 능력, 기술, 지식에 있어서 서로 이질적인 구성원으로 이루어진 집단이 동질적인 구성원으로 이루어진 집단보다 더 창의적으로 업무를 수행함을 일관되게 보여주고 있다. 이러한 사실이 실제 업무현장에서도 유용함을 증명하기 위해 잭슨(Jackson)은 199개 은행의 CEO를 접촉해 자신들 조직의 창의력을 평가하고, 경영진 가운데 핵심적 역할을 하는 상위 여덟 명을 뽑아주도록 요청했다. 잭슨은 제품, 프로그램, 서비스에서의 혁신의 정도와 최고경영진의 경력, 배경에 있어 이질적 정도와의 사이에서 중요한 관련성을 발견했다. 즉, 서로 다른 전문적 배경과 경험을 가진 사람들로 이루어진 팀은, 예컨대 대부분 마케팅 요원으로 구성된 팀보다 훨씬 더 창의적이었다. 경험적 조사결과를 보더라도 어느 정도의 창의력을 필요로 하는 복잡하고 비일상적인 문제들을 해결하고자 할 경우, 다양한 형태의 기술과 지식, 능력, 그리고 시각을 가진 사람들로 집단을 구성했을 때 보다 더 효과적이라는 점을 알 수 있다.

이러한 주장과 관련된 하나의 사례로 제록스사의 연구소를 보자. 미국 서부 팔로 알토(Palo Alto)에 있는 제록스사의 연구소에서는 과학자나 엔지니어들뿐만 아니라 사회과학자나 인류학자, 예술가 등도 연구소에서 함께 일하도록 했다. 즉, 다양한 배경을 가진 사람들로 연구소를 구성한 것이다. 이것은 매우 혁신적인 일이었다. 그래서 당시 제록스 연구소는 매우 창의적인 연구소로 세계적인 명성을 얻었을 뿐만 아니라 실제로 연구소에서 나온 산출물들도 매우 창의적이었는데, 예를 들어 컴퓨터의 그래픽 유저 인터페이스(GUI)라는 개념을 최초로 고안한 곳이 바로 이 연구소이다. 또 컴퓨터 입력장치인 마우스를 고안해 낸 곳도 이 연구소이다(마우스의 독창적인 아이디어는 이 연구소에서 제시했지만, 상업적으로 성공한 것은 애플이었다).

집단 내에 다양성이 존중되면 자연스럽게 구성원들 간에는 창의적 마찰이 일어난다. 여기서의 '마찰'은 단순히 집단 구성원들 간에 상이한 지식이나 경험 또는 사고양식 등으로 인해 나타나는 갈등만을 의미하는 것이 아니라, 그러한 갈등을 건설적인 방식으로 활용하여 집단 창의성으로 이어질 수 있도록 한다는 뜻도 포함한다.

그래서 집단에서 창의성이 꽃피기 위해서는 창의적인 마찰이 필요하다. 이 말은 다양한 특성을 가진 구성원들로 집단을 구성하고, 구성원들 간의 의견차이를 존중하고, 의견차이를 건설적으로 해소함으로써 그 차이가 서로에게 자극이 된다면 집단 내에서는 새로운 아이디어들이 샘물처럼 솟아나올 수 있다는 것을 강조한 말이다.

한편, 집단의 다양성이 없고 집단의 응집성이 높으면 하나의 안에 조급히 동조해 버리는 집단사고 현상이 나타난다. 이것을 방지하기 위해서는 집단에 건설적인 비판자(devil's advocate)가 있어야 한다. 이들은 집단 구성원들이 어떤 규범이나 압력에 무비판적으로 동조하는 것을 방지하기 위해서 분석적이고 비판적인 역할을 하는 사람들이다.

집단사고 ― 집단의 부정적 결과

집단사고라는 개념은 사회심리학자 재니스(Janis)가 처음으로 제시한 것이다. 그는 미국 행정부와 기타 여러 조직의 최고 의사결정 집단이 내린 결정 중 대실패로 끝난 역사적인 사례를 수집하여 그러한 결정이나 판단을 한 최고 의사결정 집단의 특징과 어떤 측면들이 잘못된 의사결정으로 이르게 하는가를 살펴보았다.

재니스가 자신의 〈집단사고(*Groupthink*)〉라는 책에서 제시하는 사례는 픽스만 침공작전 실패 사례이다.

이 작전의 배경은 1960년대 케네디가 대통령에 당선되고 얼마 되지 않아 미국 본토 바로 아래에 있는 쿠바가 카스트로에 의해 공산화가 되면서 시작된다. 그 전에는 친미정부가 있었는데 카스트로가 공산혁명으로 체제를 바꾼 것이다.

당시는 냉전시대였기 때문에 미국 입장에서는 상당히 당혹스러울 뿐만 아니라 미국 본토 바로 아래에 공산국가가 생긴다는 것 자체가 매우 위협적인 상황이었다.

그래서 케네디 행정부에서는 대통령을 비롯하여 여러 정부 각료들이 모여서 대책회의를 했다. 그리하여 카스트로 공산정권을 다시 전복시킬 필요가 있으며, 그것을 위한 세부적인 군사작전 계획을 수립하기로 했다. 미국측에서는 쿠바 내에 카스트로 공산정권을 반대하는 세력들이 있기 때문에 미군이 쿠바를 침공하고 그들에게 어느 정도 군사적 지원을 해주면 이들이 들고 일어나서 카스트로 정권을 다시 뒤엎을 수 있을 것이라고 판단했다. 그래서 미국이 어떻게 반(反)카스트로 세력들에게 군사적 지원을 해줄 것인지 그리고 미군의 군사작전을 어떻게 감행할 것인지에 대한 작전계획을 짰던 것이다.

케네디 대통령과 정부 고위 각료들이 회의를 통해 내린 결론은 쿠바 남부의 픽스만에 미국 CIA에서 특수훈련을 받은 반카스트로군을 상륙시키는 작전이었다. 특수요원들이 픽스만에 상륙하여 쿠바의 수도를 향해서 진격하면 미 공군과 해군이 지원하고, 쿠바 내 반카스트로 세력을 봉기시켜 카스트로 정권을 전복시키는 것이었다.

작전은 실행에 옮겨졌지만, 픽스만에 상륙한 1,500여명의 특수요원들은 상륙한 지 3일을 버티지 못하고 전멸됨으로써(수백 명이 전사했고, 나머지는 모두 체포됨) 대실패로 끝났다.

실제로 특수부대가 픽스만에 상륙했지만 수도로 진격하는 과정에서 생각지 못한 엄청난 난관이 있었다. 상륙한 후 얼마 못 가서 늪지대가 있었는데, 그곳에서 우왕좌왕하다가 카스트로 정부군에 의해서 전멸된 것이다. 그 과정에서 케네디는 공군의 지원도 중단함으로써 모든 작전은 완전 실패로 끝난 것이다.

그러나 이 결정에 관여한 사람들은 멍청한 사람들이 아니었다. 그들은 케네디 대통령, 러스크 국무장관, 전 하버드대 경영대 교수였던 맥나마라 국방장관, 객관적이고 분석적 인물인 딜런 재무장관, 전 하버드대 학장이던 번디 국방담당 특별보좌관, 유명한 역사학자 슐레진저 등이었다. 그 밖에 라틴아메리카 전문가, CIA 국장과 부국장, 그리고 로버트 케네디 등 백악관 참모들이 이 계획에 참여했다. 당시 미국에서 가장 머리좋은 사람들이었다.

이처럼 케네디 대통령과 당시 대단히 명석한 정부 각료들이 심사숙고하여 내린 결정인데, 어떻게 이렇게 대실패로 끝나게 되었을까? 그리고 어떻게 작전계획에서 늪지대와 같은 사소한 것 하나도 체크하지 않았을까? 재니스는 이런 질문들에 대한 답을 찾고자 했다.

집단사고의 원인

재니스는 픽스만 침공사건뿐만 아니라 미국의 베트남전 확대라든가, 발사 직후 폭발해 버린 우주왕복선 챌린저호에 대한 발사 결정과 같은 다양한 사건들에서 잘못된 결정을 내린 최고 의사결정 집단들을 분석한 결과 집단사고에 빠진 공통점이 있음을 발견했다.

재니스는 집단이 집단사고에 빠지는 조건으로 다음과 같은 4가지 원인을 제시했다.

첫째, 집단의 응집성이 높을 때 집단사고에 빠질 가능성이 크다. 집단의 응집성은 집단 구성원들 간의 상호 친밀감의 정도, 또는 집단 구성원들이 집단에 대해 가지는 애착의 정도를 나타낸다. 집단 구성원들 간에 갈등이 없이 매우 친밀하고 집단에 대해 높은 애착심을 가지고 있는 집단이 응집성이 높은 집단이다.

집단 응집성이 높으면 집단의 생산성이나 구성원들의 만족감을 높여주는 긍정적인 측면도 있지만, 앞의 사례처럼 집단사고에 빠질 가능성도 있는 양면성이 있다. 물론 픽스만 침공사건의 경우에도 케네디 행정부 최고 의사결정 집단의 응집성은 매우 높았다.

둘째, 집단의 고립이다. 의사결정 집단이 특수한 상황에 직면하여 집단 밖의 다른 사람이나 타 집단과 단절이 생기는 경우이다. 집단 밖의 사람과 교류할 기회가 없거나 의사소통 통로가 막힐 경우 그 집단은 집단사고에 빠질 가능성이 크다.

셋째, 집단의 리더가 다른 사람의 얘기를 경청하고 부하들의 의견을 귀담아 듣는 민주적 리더십을 보이지 않고, 자기 의견을 먼저 제시하고 그것에 따르도록 하는 지시적 리더십을 발휘할 때에도 집단사고에 빠질 가능성이 크다. 케네디는 정부 각료들의 의견을 먼저 듣기보다는 자기 의견부터 먼저 던지는 스타일이었다고 한다. 리더가 먼저 의견을 제시하면 부하들은 리더와 반대되는 의견을 제시하기가 힘들다.

마지막으로, 신속하게 좋은 결정에 도달해야 된다는 압력을 받고 있을 때 집단사고에 빠질 가능성이 크다. 집단의 결정이 매우 중요하고 시급한 사안일 때 의사결정을 하는 사람들은 상당한 부담과 압력을 받게 된다. 픽스만 침공사건의 경우에도 케네디 행정부의 의사결정 집단은 쿠바에 공산정권이 수립되었으며 이것을 신속하게 다시 전복해야 한다는 압력을 받고 있었다. 또한 문제를 해결할 좋은 안을 내야 된다는 부담이 집단 내에 팽배했다.

이처럼 네 가지 조건이 갖추어지면 집단은 집단사고에 빠지기 쉽다. 그래서 독자적으로 결정하면 실수를 하지 않았을 것을, 오히려 집단으로 의사결정을 하여 엄청난 실수와 실패에 이르게 된다.

집단사고의 징후들

집단사고에 빠지면 구성원들이 조급하게 만장일치를 추구하려는 경향이 나타난다. 즉, 사안의 긴급성과 맞물려 모두가 동의하는 안을 빨리 내놓고자 한다. 이것은 다음과 같은 구체적인 형태로 나타난다.

첫째, 집단 내에 높은 동조압력이 생긴다. 케네디가 회의에서 한 마디 던졌을 때 그 말에 동조해야 한다는 압력이 은연중에 집단 내에 만연된다. 이렇게 되면 반대의견을 제시하기가 어려워진다.

둘째, 반대의견은 가급적 자제해야 된다는 집단규범이 생겨나게 된다. 따라서 구성원들 각자가 집단의 의견에 반대되는 의견을 내놓지 않으려고 스스로 검열을 하게 된다. 그래서 구성원 각자가 반대의견에 대한 파수꾼처럼 다른 구성원들에게 비춰진다. 결국 어느 누구도 다른 의견을 제시하기가 쉽지 않은 분위기가 되어 버린다.

셋째, 정보가 차단된다. 조급하게 만장일치를 추구하다 보면 다양한 정보를 수집하고 그것을 신중하게 검토하는 것을 빠뜨리게 된다. 그래서 작전계획을 수립할 때 픽스만에서 수도에 이르는 지리적 지형에 대한 면밀한 검토도 하지 않았던 것이다.

넷째, 집단사고에 빠진 구성원들은 '우리 집단은 완벽한 집단이다'와 같은 착각과 잘못된 지각에 빠져든다. 케네디 행정부 당시 최고 의사결정 집단에는 케네디의 동생과 더불어 해당 분야에서 최고의 능력을 보이는 뛰어난 각료들이 포진했기 때문에 완벽한 팀이라고 스스로 생각했다. 특히 젊고 유능한 케네디가 대통령에 당선되었고 국민의 지지를 많이 받고 있었기 때문에 '우리 집단은 천하무적' 이라는 착각 속에 빠져 있었다.

그리고 도덕성의 착각에도 빠져든다. 집단사고에 빠진 집단은 자신들의 집단은 선한 집단이고 다른 집단은 악한 집단이라고 생각하는 이분법적 사고를 하게 되고 우리의 의견과 결정사항들은 무조건 도덕적이고 윤리적으로 정당한 것이라고 생각하게 된다. 그럼으로써 타 집단 사람들에 대해서는 편향된 시각을 갖게 되고, 자신의 집단이 결정한 것에 대해 정당하고 합리적인 근거(논리)를 찾으려고 애쓰는 경향을 나타낸다.

마지막으로 외형만의 의견일치를 추구한다. 앞서 얘기했지만 동조 압력 때문에 마음속으로는 반대의견 또는 '그게 과연 가능할까' 라는 생각을 함에도 불구하고 겉으로는 찬성하는 자세를 취하게 된다.

결국, 집단의 응집성이 지나치게 높다거나 집단의 리더가 매우 지시적인 리더십을 구사하거나 신속하게 판단을 내려야 하는 상황에서 외부 사람이나 정보와 차단되어 고립되어 있는 경우 등은 집단 창의성을 방해하는 요소들이라고 볼 수 있다.

따라서 집단 내에서 다양한 의견이 자유롭게 개진될 수 있는 분위기와 그런 것이 가능한 시스템을 갖추는 것이 효과적인 의사결정뿐만 아니라 창의적인 집단이 되는 데 중요한 요소라는 것을 알 수 있다. 집단사고에 빠진 집단은 결코 창의적인 집단이 될 수 없다.

창의적 리더

개인적 창의성도 중요하지만 최근에는 집단 수준의 창의성이 중요한 주제로 부각되고 있다. 오늘날과 같이 기술이 고도로 발전하고 복잡한 시대에는 개인의 힘으로 새로운 기술이나 발명을 해낸다는 것이 쉽지 않기 때문이다. 그래서 요즘에는 집단이나 팀 수준의 노력의 결과로 창의적인 성과물이 나오는 비율이 더 높다. 예를 들어, 특허신청 상황을 보더라도 개인이 신청하는 경우보다는 집단이나 팀 또는 조직의 이름으로 신청하는 경우가 훨씬 더 많다. 한 개인의 독창적인 노력의 결과보다는 여러 사람 공동의 노력의 결과가 더 많다는 것이다.

따라서 이러한 집단에서 여러 사람들의 창의적인 작업을 지휘하는 리더의 역할은 매우 중요하다. 리더가 어떠한 리더십을 발휘하느냐에 따라 팀이나 집단의 창의력이 더욱 꽃필 수 있기도 하고, 집단 구성원들 개개인의 창의력이 발휘되지 못하도록 할 수도 있다.

유진 오먼디(Eugene Ormandy)의 다음 사례는 집단의 결과가 지도자에 따라 어떻게 달라질 수 있는지, 즉 지도자의 역할이 얼마나 중요한가를 잘 말해 준다.

헝가리 출신의 천재 바이올리니스트 유진 오먼디는 1936년부터 필라델피아 오케스트라 지휘자로 왕성한 활동을 했던 명지휘자이기도 했다.

그가 이끄는 필라델피아 오케스트라는 1970년대 들어 아시아 지역

순회 연주회를 했는데, 1973년에는 당시 동서 화해 무드로 중국을 방문하게 되었다. 이 때 오먼디와 필라델피아 단원은 중국 국립 오케스트라단의 교향곡 연주를 들을 기회를 갖게 되었다.

당시 세계 정상의 수준을 자랑하던 필라델피아 오케스트라 단원들의 눈높이에서 볼 때 중국 단원들의 연주는 아마추어 수준을 벗어나려 하는 단계였다.

그런데 오먼디가 중국 오케스트라 단원들을 며칠간 훈련시킨 뒤 다시 무대 위에 올려 직접 지휘하여 연주를 했다. 그런데 불과 며칠 전까지만 해도 불협화음이던 중국 단원들의 연주는 환상적인 연주로 바뀌어 있었다. 연주를 마친 중국 단원들은 자신들도 그런 환상적인 화음을 낼 수 있다는 사실에 놀란 나머지 감격의 눈물을 흘렸다.

그러나 중국 단원들보다 더욱 놀란 사람들은 바로 필라델피아 오케스트라 단원들이었다. 그들은 지금까지 자신들의 실력이 뛰어나서 필라델피아 오케스트라가 명성을 날린다고 생각해 왔는데, 보잘것없던 중국 오케스트라가 자신들 못지않은 연주를 하는 현장을 목격하고는 필라델피아 오케스트라의 명성이 자신들 덕분이 아니라 지휘자, 즉 오먼디가 이룩한 것임을 깨우치게 되었다.

창의적 리더는 "자신의 창의적 잠재력을 충분히 개발하고 발휘할 뿐만 아니라 부하들의 잠재력까지도 자극하여 조직과 팀에 기대 이상의 성과를 도출해 내는 리더"라고 할 수 있다. 이 정의에서의 두 가지 강조점은 ① 자신뿐만 아니라 부하들의 창의적 잠재력까지도 자극해 준다는 것과 ② 자신의 팀 또는 조직에 기대 이상의 성과를 도출해 낸다는 것이다.

창의적 리더는 리더십을 효과적으로 발휘할 뿐만 아니라 개인적으로 창의력까지 갖춘 리더라고 볼 수 있다. 개인적 창의력은 상당히 높지만 리더십이 결여된 리더는 고독한 영웅 혹은 몽상가(dreamer)라고 볼 수 있다. 오늘날의 기업환경에서 리더십과 창의력을 모두 다 갖추지 못한 리더는 자격이 없는 리더이다.

창의적 리더의 네 가지 역할

창의적 리더가 수행해야 할 네 가지 역할이 있다. 그것은 도전자의 역할, 아이디어 생성자의 역할, 지원자의 역할, 그리고 촉매자의 역할이다. 이 네 역할은 두 가지 차원의 조합으로 만들어진 것이다. 한 차원은 창의성의 구성요소 차원이고, 다른 차원은 적용범위 차원이다.

먼저, 구성요소 차원을 보면 동기와 사고의 두 가지가 있다. 이것은 창의성이 발현되기 위한 어마빌레의 3요소 중 두 가지인 내적 동기와 창의적 사고를 나타낸다. 3요소 중 지식과 경험은 리더가 이미 갖추고 있다고 전제한다.

다른 차원인 적용범위는 개인과 관계의 두 가지로 구성되어 있다. 개인은 리더 자신을 나타내고, 관계는 부하와의 관계를 나타낸다. 그래서 각 차원별로 2가지씩(2×2) 네 가지 역할이 도출된다. 그러면 네 가지 역할 각각에 대해서 살펴보자.

구성요소

적용범위	동기	사고
개인	도전자의 역할	아이디어 생성자의 역할
관계	지원자의 역할	촉매자의 역할

(1) 도전자의 역할

창의적 리더의 첫 번째 역할은 끊임없이 도전하는 도전자(challenger)의 역할이다. 이것은 적용범위 차원에서는 리더 개인에게 적용되며, 구성요소 차원에서는 동기, 즉 내적 동기가 적용된 역할이다.

이것은 리더가 자신이 하는 일에 대한 내적 동기 및 열정과 끈기를 에너지로 하여 남들보다 앞장서서 일을 주도해 나가는 것을 말한다. 그리고 그 과정에서 실패를 두려워하지 않고 과감하게 모험을 하는 역할이다. 요약하면 도전자의 역할은 자신이 하는 일에 대한 몰입과 열정으로 과감하게 일을 주도해 나갈 수 있는 역할이다.

기업조직에서 중간관리자 이상의 리더들은 대개 40대 전후로 비교적 보수적 · 체제유지적 · 안정지향적인 경우가 많다. 이러한 안정성 추구로부터 벗어나 자신의 업무와 관련하여 새로운 도전을 주도하는 것이 곧 창의적인 리더에게 요구되는 역할이다.

실제로 인생의 후반기에 새로운 도전으로 매우 창의적인 업적을 남긴 사람들의 사례는 많다. 코닥사에 엄청난 이익을 가져다 준 3차원 입체영상 사업을 주도했던 쉰들러(Shindler)는 오랫동안 교육훈련부서에서 근무하던 사람으로, 정년을 얼마 남겨두지 않은 시기에 성과를 이루어 내었다. KFC를 창업한 샌더스(Sanders)는 65세에 사업을 시작하여 성공했으며, 킹 스미스(King-Smith)는 72세의 나이에 나중에 영화로도 제작된 베스트셀러 소설 〈양치기 돼지 베이브〉를 썼는데, 이전까지 그는 20여 년 동안 낙농업자로 일했던 사람이었다.

(2) 아이디어 생성자의 역할

두 번째 역할은 아이디어 생성자(idea generator)의 역할이다. 이것은 적용범위 차원에서는 리더 개인에게 적용되고, 구성요소 차원에서는 창의적 사고와 관련된 역할이다.

생성자의 역할을 수행하기 위해서 리더는 다양한 아이디어 발상기법을 이해하고 실행할 수 있어야 한다. 확산적 사고, 수평적 사고, 우뇌적 사고 등은 모두 새로운 아이디어를 생성하는 데 필요한 것들이다. 그리고 기본적으로 문제를 발견하는 사고가 무엇보다 중요하다. 아이디어 발상기법은 적절한 훈련을 통해서 체득될 수 있다.

(3) 지원자의 역할

세 번째 역할은 지원자(sponsor)의 역할이다. 지원자의 역할은 적용범위 차원에서는 관계 즉 부하들과의 관계에 적용되며, 구성요소 차원에서는 내적 동기와 관련된 역할이다. 이 역할은 부하들로 하여금 그들의 일에 대해서 내적 동기와 열정을 가지도록 해준다는 것이다.

부하들로 하여금 자신의 일에 열정을 가지도록 하기 위해 리더가 주목해야 할 여러 요소들이 있다. 그 중 중요한 네 가지를 살펴보자.

첫째, 비전 또는 목표의 설정이다. 설정(alignment)이라는 것은 한 방향으로 줄을 세운다는 의미인데, 집단이나 조직의 비전과 목표에 모든 구성원들이 매진하도록 한다는 것이다. 즉, 리더는 팀이나 조직의 비전이나 목표를 부하들에게 분명하고 생생하게 제시한 다음 모든 부하들이 그것에 공감하고 그 방향으로 나아가도록 해야 한다. 공감할 수 있는 비전이나 목표가 제시되면 부하들은 자신이 하는 일에 대한 내적 동기와 열정을 가질 것이다.

둘째, 임파워먼트(Empowerment)가 필요하다. 임파워먼트는 부하들 스스로가 자신의 일에 대한 주인의식, 자율성과 재량권을 가지도록 해주며, 자신이 맡은 일을 충분히 수행할 수 있는 역량을 배양해 주는 것을 말한다. 즉, 자신의 일에 대해 스스로 권한을 가진 것으로 느끼도록 해주어야 된다는 것이다. 임파워먼트는 직무 재설계(job redesign)라든가 조직구조나 문화의 변화를 시도하거나 상사와 부하 간의 업무분담을 새롭게 하는 것과 같은 다양한 방법으로 가능하다.

과거와 같이 부하들이 리더의 명령만 기다리고 위에서 시키는 일만 하는 것이 아니라 부하들 개개인이 스스로 판단하고 결정할 수 있는 능력과 권한을 가질 수 있도록 하는 것이다. 그럼으로써 부하들은 주인의식을 가지고 더욱 열정적으로 일할 수 있게 되는 것이다.

경영학자 스프라이처(Spreitzer)는 임파워먼트가 자신의 일에 대한 의미, 자신의 능력에 대한 자신감, 스스로 판단하고 결정한다는 자기결정감, 그리고 영향을 행사하고 있다는 느낌이라는 네 가지 심리적 효과를 가져올 수 있다고 했다. 사실 네 가지 심리적 효과는 일에 대한 내적 동기를 높이는 것과 밀접하게 연관되어 있다. 따라서 창의적 리더의 세 번째 역할이 부하들과의 관계에서 내적 동기를 높이는 역할인 것이다.

셋째, 리더가 부하에 대해 높은 기대를 가지는 것이다. 달리 말하면 부하를 믿고 신뢰한다는 의미이다. 그래서 '당신은 맡은 일을 충분히 해낼 수 있을 거야'라는 믿음을 부하들에게 보여줄 수 있어야 한다. 그럼으로써 부하는 그러한 기대에 부응하여 좋은 성과를 낼 수 있다.

실제로 타인의 긍정적 기대가 가져오는 좋은 효과를 자성예언 또는 피그말리온(Pygmalion) 효과라고 한다. 학교장면에서 피그말리온 효과가 많이 연구되었는데, 대표적 연구인 미국의 교육학자 로젠탈(Rosenthal)과 제이콥슨(Jacobson)의 연구 결과를 살펴보면 교사가 어떤 학생에게 '저 아이는 앞으로 성적이 크게 오를 것'이라는 기대를 하면 그런 기대를 받은 학생은 실제로 성적이 올라간다는 것이었다.

넷째, 지원자 역할을 하기 위해 리더는 의사소통 기술과 유머감각을 갖추어야 한다. 리더에게는 부하들과의 상호작용도 중요하지만 자기보다 위에 있는 계층과의 상호작용도 중요한데, 경영층으로부터 보다 많은 자원과 지원을 이끌어 내기 위해서는 윗사람들을 합리적으로 설득하고 협상하는 의사소통 기술이 필요하기 때문이다. 그리고 리더는 유머감각이 있어야 된다. 인간의 정서와 창의성의 관계에 관한 연구에 의하면, 일반적으로 즐겁고 행복한 기분상태에 있을 때 훨씬 더 창의적인 아이디어가 많이 나오며, 반면에 우울하고 화가 나고 냉담한 정서상태에서는 창의적인 아이디어가 잘 나오지 않는다. 그래서 리더는 집단의 분위기를 활기차고 유쾌한 것으로 만들어야 하는데, 이를 위해 유머감각이 중요하다.

(4) 촉매자의 역할

창의적 리더가 갖추어야 할 네 번째 역할은 촉매자(catalyst)의 역할이다. 이것은 적용범위 차원에서는 부하들과의 관계에 적용되며, 구성요소 차원에서는 창의적 사고와 관련된 것이다. 즉, 부하들 개개인의 창의적 사고력을 100% 발휘하도록 할 뿐만 아니라 집단의 시너지 효과, 즉 서로 인지적인 자극을 주어서 창의적 사고의 불꽃이 집단에서 일어날 수 있도록 촉매역할을 해준다는 것이다.

이를 위해 먼저 리더는 집단 창의성 기법, 즉 집단 상황에서 아이디어 생성을 서로 촉진할 수 있는 다양한 기법을 습득해야 한다. 가장 기본적인 브레인스토밍 기법뿐만 아니라 구성원들 간의 아이디어 생성을 자극하고 촉진할 수 있는 다양한 기법들에 대해 리더는 숙달되어 있어야 한다.

두 번째는 부하들이 제안한 아이디어에 대해 피드백이 없다면 부하들은 앞으로 새로운 아이디어를 제안하지 않을 것이다. 따라서 부하들이 제안한 아이디어에 대해 신속하고 건설적인 피드백을 해주는 기술이 촉매자의 역할에서 요구된다.

마지막으로 집단이나 팀 내에서 구성원들 간에 정보가 공유될 수 있는 시스템, 즉 한 사람이 새로운 정보를 획득하면 다른 사람들에게 그것을 확산시킬 수 있는 시스템을 갖추어야 한다. 리더는 IT기술을 활용하여 이러한 시스템을 구축해야 한다. 이러한 기술적인 방법을 통한 정보 공유 및 확산뿐만 아니라, 상호 인지적 자극을 위하여 집단 구성원들과의 정기적인 교류(예: 포럼)나 모임(예: 연구회)을 갖는 것이 필요하다.

그리고 팀 구성원들뿐만 아니라 외부인들과의 교류도 중요하다. 외부 전문가의 자문이나 강연 등을 듣는다거나 타 조직의 사람들과 미

아이디어 생성을 저해하는 리더의 말

촉매자의 역할과 관련하여 부하들의 아이디어 생성을 저해하는 리더의 말이 있다. 즉, 리더는 부하들로 하여금 계속 새로운 아이디어를 낼 수 있도록 자극하고 격려해야 하지만, 그와는 반대로 창의성의 싹을 죽여버리는 리더의 습관적인 말이 있다. 다음과 같은 말은 그러한 예인데, 조직이나 기업에서 자주 들을 수 있다.

- "말도 안 되는 소리 하지도 마."
- "예전에 다 해봤어."
- "전에는 그렇게 하지 않았어."
- "그것 없이도 지금까지 잘해왔어."
- "지금 할 일이 그것 말고도 많아."
- "너는 말이 너무 많아."
- "계획에 없던 일이야."
- "다른 사람들이 어떻게 생각하겠니?"
- "이미 늦었어."
- "그렇게 좋다면 왜 사람들이 하지 않았겠어."
- "윗분들이 반대할 텐데."

팅을 갖는 것과 같이 계속 새로운 자극을 받을 수 있는 절차를 마련하는 것도 촉매자로서의 역할 중 하나라고 볼 수 있다.

조직 창의성(창의성 경영)

조직 창의성은 기업이나 공공기관 등 대규모 조직에서 근무하는 사람들이 보다 더 창의적인 행동을 하도록 하기 위해서는 어떠한 처방들이 가능할 것인가에 대한 것이다. 이것은 '창의성 경영' 즉 조직에서 창의성을 어떻게 촉진할 것인가와 같은 의미이다.

창의성 경영과 관련하여 우선 알아두어야 할 것이 '선입견 배제의 원리'라는 것이다. 이것은 조직 내에서 특정한 사람에게만 창의성을 기대하고 일반 사람들에게는 창의적인 성과를 기대하기 어려울 것이라고 생각해서는 안 된다는 원리이다. 즉, 조직 구성원들 모두가 창의적인 잠재력을 가지고 있기 때문에 어떤 구성원으로부터 창의적인 성과가 나올지는 아무도 예측할 수 없다는 것이다.

그러므로 조직에서 창의성이 꽃피도록 하려면 누구든지 창의적인 사고를 통해 창의적인 성과를 낼 수 있도록 제반 여건을 갖추는 것이 중요하다. 외부에서 유능한 사람을 데려왔다고 해서 그 사람에게만 창의성이 발휘되기를 기대한다든가 또는 조직 구성원들 중 뛰어난 일부 사람들에게서만 창의적인 성과를 기대하고 그들에게만 특별한 지원을 해주는 것은 원하는 만큼의 성과를 얻기 힘들 뿐만 아니라 조직의 자

창의성으로 가득 찬 조직 만들기

지식경제의 시대를 맞이하여 새로운 지식이나 아이디어를 만드는 창의력이 기업의 중요한 경쟁우위 원천으로 부각되고 있다. 그러나 기업 창의성은 어느 한 개인의 힘으로 얻을 수 있는 것이 아니다. 구성원들의 다양한 끼와 잠재력을 발산시키고, 이를 성과와 연결시킬 수 있는 조직적 시스템을 충실히 마련해야 한다.

우리는 가끔 상상하기 힘들 정도의 새로운 아이디어로 세상을 깜짝 놀라게 하는 사람들을 보곤 한다. 이런 사람들을 일컬어 소위 '천재'라고 한다. 그만큼 범인(凡人)들과는 확연히 다른 창의력과 재능을 갖춘 사람이다. 이러한 천재들이 생각하고 만드는 사업이나 제품, 서비스는 기업에게는 상당한 수익을 제공하곤 한다. 이에 많은 기업들은 파격적인 보상과 다양한 옵션을 제시하면서, 이들을 영입하려고 노력하곤 한다. 작년부터 국내 기업들 사이에 불고 있는 '인재 확보 전쟁'이라는 열풍도 이를 반영하는 대표적인 예라 하겠다.

그러나 다른 한편으로 보면, 한두 명의 창의적 인재가 기업 흥망을 좌우한다고 해서 이들에게 전적으로 의지하려는 것은 매우 위험한 발상이다. 말 그대로 천재가 떠나는 순간 그 기업의 창의력도 소멸된다는 점을 잊어서는 안 된다. 이렇듯, 한 사람의 유무(有無)에 따라 기업의 창의성이 쉽게 흔들린다는 것은 바람직하지 않은 현상이다. 한편, 혁신적 기업으로 유명한 3M이나 HP 등을 보면 수십 년에 걸쳐 창의적인 기업으로서의 명성을 굳건히 유지하고 있음을 볼 수 있다. 과연 그 비결은 무엇인가?

이에 대한 대답을 얻기 전에 한 가지 짚고 넘어갈 것이 있다. 사람들이 잘못 알고 있는 창의성에 대한 믿음이 그것이다. 조직 창의성에 대해 연구한 레오너드(Leonard) 교수와 스왑(Swap) 교수는 그들의 저서 〈스파크(*When Sparks Fly*)〉에서 창의성에 대한 몇 가지 잘못된 믿음을 지적한 바 있다. 예컨대, 창의적인 성과는 특별한 소수의 사람만이 만들어 낼 수 있는 것이라든지, 창의적 업무 과정은 혼자서 해내야 하는 고독한 작업이라든지, 창의력이란 단어는 거창한 아이디어에나 어울린다는 등이 일반인들이 생각하는 잘못된 편견이라는 것이다.

실제 연구결과들을 보더라도 오랜 기간 동안 성공적으로 사업을 영위해 오는 기업들의 경우, 소수의 천재급 재능을 지닌 인재에 대한 의존도가 낮다고 한다. 〈왜 지식경영이 실패하는가(*Knowing-Doing Gap*)〉의 저자로 잘 알려진 스탠퍼드대학의 서튼(Sutton) 교수는 다음과 같이 말하고 있다. "지속적 혁신이 가능한가의 여부는 한 명의 천재를 통해 이루어지는 것이 아니다. 구성원들이 새로운 아이디어를 생산하고 이를 과감히 실천할 수 있는 조직적 기반이 있어야 진정한 창의적 조직으로 거듭날 수 있다."

– LG경제연구원, 한상엽, 주간경제, 749호.

원만 낭비하는 결과를 가져오기 쉽다.

특정한 부류의 사람들에게만 창의적인 성과를 기대하는 것을 우수인재 함정(High Flier Trap)이라고 한다. High Flier는 여러 능력 면에서 뛰어나서 '뛰는' 사람들을 말한다. 이런 사람들에게만 창의적인 성과를 기대하면 그 회사는 영원히 창의성이 발현되기 어려운 덫에 빠진다는 의미로 우수인재 함정이라는 표현을 쓴다.

조직 구성원 누구에게나 창의성이 발현될 가능성은 얼마든지 있고, 또 과연 누가 창의적인 아이디어로 기업에 엄청난 성과를 가져다 줄지는 아무도 모른다. 결국 창의성을 경영한다는 것은 조직 구성원들이 자신의 창의적인 잠재력을 충분히 꽃피울 수 있는 여건을 마련해 주는 것이고, 그렇게 하면 누군가는 창의적인 성과를 낼 수 있을 것이다.

조직 창의성 촉진요소

조직 창의성을 촉진시켜 줄 수 있는 여건을 마련하기 위해서는 다음과 같은 여덟 가지를 고려해야 한다.

• 직무특성: 도전과 자율
• 비전과 전략의 설정 및 공유
• 실패수용문화
• 공정한 평가

- 개방적인 의사소통
- 비공식적 활동 권장
- 여유자원
- 다양성 제고

첫째는 도전과 자율이 주어지는 직무특성이다. 도전은 각 구성원들이 맡아서 하는 일에 대해 "한번 해볼 만하다"와 같은 의지를 불태울 수 있어야 한다는 것이다. 이를 위해서는 개인별 직무 적합성(person-job fit)이 있어야 한다. 즉, 자신의 능력과 일치하는 일, 자신의 적성 또는 흥미와 일치하는 일이어야 도전감을 느낄 수 있다.

자율은 조직 구성원들이 자신이 하는 일에 대해서는 윗사람의 일방적인 지시나 통제에 단순히 따르기만 하는 것이 아니라 자기 스스로 결정할 수 있는 적절한 권한과 책임을 보장해야 한다는 것이다. 이렇게 되면 내적 동기를 높여주는 자기 결정감이 상승하게 된다.

자율은 전략의 자율과 운영의 자율로 구분된다. 조직 구성원의 시각에서 전략의 자율이란 "회사 내에서 내가 무슨 일을 할 것인가"와 같은 선택권을 나타내는 것이고, 무슨 일을 해야 되는지는 이미 정해져 있지만 주어진 일을 수행해 나가는 데 있어서 "나 나름의 방식대로 해나갈 수 있도록" 허용해 주는 것은 운영의 자율이다. 즉, 내가 어떤 일을 할 것이냐를 결정하는 자유는 전략의 자율이고, 어떤 정해진 일에 대해서 그것을 완수하기까지의 과정에 있어서 재량권을 가지는 것은 운영의 자율이다. 일반적으로 일선의 조직 구성원들에게는 전략의 자율보다는 운영의 자율을 주는 것이 더 필요하다. 조직 구성원들에게 전략의 자율까지 제공하는 경우는 상당히 드문 경우이다. 대개 상위 직급의 사람들에게는 전략의 자율까지도 제공하지만, 조직 구성원들에게는 운영의 자율을 제공하면 된다.

둘째는 회사가 추구하는 비전과 전략을 분명하게 설정하고 그것을 전 조직 구성원들과 공유하여 그들의 공감을 이끌어 낼 수 있어야 한다. 그럼으로써 조직 구성원들의 모든 관심과 행동이 설정된 비전과 전략의 한 방향으로 나아갈 수 있게 되고, 그것이 창의성과도 연결될 수 있다. 이것을 나타내는 표현이 '전략적 방향일치'(strategic Alignment)라는 것이다. alignment는 한 방향으로 방향을 잡는다는 의미이므로 전략적 방향일치는 전략적으로 한 방향을 이룬다는 뜻이다.

전략이나 비전을 분명하게 설정하고 공유한 다음, 그것을 완수해 나가는 과정에 있어서는 운영의 자율을 주어야 한다. 이것을 나타내는 표현 중의 하나가 퀸(Quinn)의 '방향이 설정된 범위 내의 무질서'(chaos within guideline)이다. 어떤 방향을 설정(guideline)하고, 설정된 범위 내에서 무질서(chaos)가 존재한다는 뜻이다. 즉, 최고 경영자나 기업을 운영하는 사람이 분명한 가이드라인(회사의 비전과 전략)을 제시해 주면, 다음에는 각자 구성원들이 운영의 자율을 가지고 나름대로 추구해 나간다는 의미이다.

전략과 비전이 설정되고 공유된 집단을 목표지향적 공동체(goal-directed community)라고 한다. 이 말은 저지(Judge)와 그의 동료들이 사용한 표현인데, 생명공학산업에서 혁신적인 성과를 내는 기업들에서 나타나는 공통적인 특징을 표현한 것이다. 회사가 나아갈 방향과 목표를 분명히 제시하고 그런 목표를 완성해 내는 데 있어서 조직 구성원들이 자율적으로 행동한다는 의미이다.

셋째는 모험을 감행할 수 있고 실패를 해도 수용될 수 있는 문화가 있어야 한다. 실패를 두려워하는 조직문화에서는 창의성이 꽃필 수가 없다. 실패에 대한 처벌이 이루어지는 조직에서는 모험을 하는 사람들이 사라지게 될 것이기 때문이다.

실제로 많은 기업에서는 실패나 실수를 하면 처벌을 하는 것이 다반사이다. 하지만 실패는 창의성이 꽃피기 위한 선행조건이다. 실패를 거치지 않고 창의적인 성과를 낸다는 것은 불가능한 일이다. 즉, 실패는 창의성에 이르는 과정에서 당연히 있는 일이라는 생각을 가져야 한다. 이런 인식에 근거해서 최근에는 '실패를 통한 학습'(learning by failure)이 강조된다. 오히려 실패를 통해서 교훈을 얻고 새로운 방식으로 접근해 나가는 계기를 마련한다는 뜻이다.

요즘 선진 기업들에서는 실패에 대해 이전과 같이 강도높게 처벌하지 않는다. 오히려 어떤 회사에서는 정기적으로 '실패 축하 대회'를 개최한다. '자신이 어떤 방법으로 어떤 시도를 해봤는데 어떻게 실패했다' 라는 것을 공개적으로 발표하고 그것을 구성원들 간에 공유하고 함께 학습하고 교훈을 얻는 것이다. 이러한 것은 그만큼 '실패를 두려워하지 말라', '실패를 수용한다' 라는 메시지를 조직 구성원들에게 전달해 줌으로써 조직 구성원들이 보다 더 탐구하고 새로운 것을 찾고 모험을 감행하도록 하여 결국 창의적인 성과가 나오도록 유도하기 위한 것이다.

넷째는 공정한 평가가 되어야 한다. 공정한 평가는 기업조직에서 인적자원을 관리하는 데 있어서 핵심명제라고 볼 수 있다. 공정한 평가라는 것은 곧 조직에 대한 신뢰이다. 조직에 대한 신뢰감이 형성되어 있어야만 구성원들이 조직에 보다 더 헌신하고 충성하게 되며, 보다 더 자신의 일에 내적으로 동기화되어 창의적인 성과를 낼 가능성이 커진다.

그리고 훌륭한 조직이 되기 위해서는 인사평가 결과를 단순히 임금이나 승진 결정에만 활용할 것이 아니라 구성원의 능력을 한 단계 더 높이기 위한 교육과 개발을 위한 목적으로 활용해야 한다. 따라서 구성원들에 대한 공정한 평가와 함께 능력 개발용으로 평가결과가 활용되는 풍토가 창의성에 중요하다.

다섯째는 조직 구성원들 간에 개방적인 의사소통이 가능한 분위기를 만들어야 된다. 수평적인 관계뿐만 아니라 수직적인 관계에서의 의사소통도 중요하다. 의사소통이 개방되어 있지 않으면 목표의 달성이 어려울 뿐만 아니라 조직의 자원을 낭비하게 된다.

여섯째는 조직 구성원들이 비공식적 활동에 참여할 기회를 주어야 한다. 즉, 조직 내에서 주어진 공식적 활동 이외에 구성원들이 개인적으로 관심을 가지고 있는 분야에 대해서 나름대로 연구할 수 있는 비공식적 활동을 권장해야 한다는 것이다. 3M은 구성원들의 비공식적 활동을 장려하기 위해 15% 규칙을 적용하고 있는데, 이 규칙은 자신의 근무 시간 중 15%를 개인 프로젝트에 수행할 수 있도록 하는 제도이다. 즉, 자신이 관심을 가지고 있는 이슈나 주제에 대해 학습하고 연구할 수 있는 여유를 주는 것이다. 구글은 한 걸음 더 나아가 20% 규칙을 적용하고 있다.

일곱째는 여유자원(slack)이 있어야 한다. 적응을 통해 환경에 너무 완벽하게 부합되어 있을 때 환경이 변화되면 그런 완벽한 적응은 오

백로의 날개 — 여유자원

백로는 날기 위해서 날개를 사용할 뿐만 아니라, 잡으려는 물고기를 더 잘 보기 위해 태양을 가리는 데에도 사용한다. 그러면 백로의 날개는 어떻게 진화되었던 것일까? 원래 날개는 현재의 형태로 완전히 발달하기 전까지는 전혀 쓸모 없는 것이었다. 초기의 날개는 너무 작아서 날기 위해 사용될 수 없었을 뿐만 아니라, 태양을 가리는 용도로도 사용되지 못했다. 다윈은 원래 그것은 다른 목적으로 생겨난 것으로 보았는데, 한 유력한 견해가 보온(체온유지)을 위한 것이었다. 그리고 이러한 보온의 필요성은 크기가 작은 공룡들(나중에 조류로 진화)에게서 가장 컸다. 왜냐하면 체적 대비 표면적의 비율이 가장 컸기 때문에 체온손실이 가장 많았을 것이기 때문이다. 수백만 년 동안 깃털이 날개를 덮고 있었고, 깃털이 많은 종들이 진화적 우위를 가지면서 날개는 더욱 커졌을 것이다. 그러면서 날개는 체온유지라는 원래 목적 이상으로 커졌으므로 잉여성이 발생했다. 이러한 과정에서 결국 새로운 그리고 전혀 기대하지 않았던 새로운 용도가 생겨난 것이다. 즉, 일단 날개가 특정 크기에 이르게 되자, 백로는 날 수 있게 되었고, 더 많은 물고기를 잡을 수 있도록 수면에 그림자를 드리울 수 있게 되었던 것이다. 이러한 새로운 용도는 원래 계획된 것이 아닐 뿐 아니라, 미리 예측된 것도 아니다.

이러한 의미에서 진화는 분명 창의적인 것이며, 그 원동력은 무작위성(randomness, 예측 불가능성)과 잉여성(redundancy)이다. 기업 창의성의 경우에도 그러하다. 만약 기업에서 어떤 형태로든 잉여성이 전혀 없다면, 아마 현재의 환경에 최적화되어 있을 것이고, 미리 계획될 수 있는 일만 하게 될 것이다. 기업의 세계에서도 전혀 잉여성이 없는 경우에는 환경 변화에 직면해서 생존에 어려움을 겪을 수도 있다.

— 장재윤 외 역(1999), 〈기업의 창의력〉.

히려 살아남기 어렵게 만든다. 따라서 현재의 환경과 부합되지 않는 요소들을 지니고 있어야 한다. 그래야만 환경이 변화되었을 때 여유자원을 가지고 새로운 환경에 적응할 수가 있다.

마지막은 조직 내 다양성의 제고이다. 다양성에는 인적 다양성과 자극 다양성의 두 측면이 있다. 인적 다양성은 조직 구성원들의 특성이 다양해야 된다는 것이다. 사람들의 경험이나 지식, 전문적 배경 등이 다양한 사람들로 구성되어 있을수록 창의적인 불꽃이 일어날 가능성이 더 크다. 자극 다양성은 구성원들에게 많은 자극을 제공해야 한다는 것이다. 그러기 위해서는 조직 내외에서 다양한 교육훈련 기회를 주거나 조직 외부의 행사에 정규적으로 참가해서 새로운 지식과 경험을 얻을 수 있는 기회를 많이 주어야 한다.

한편, 다음과 같은 경우는 조직 창의성을 저해한다.

조직 구성원들 사이에 경쟁이 너무 심하면 창의성이 저해된다. 경쟁으로 인해 구성원들의 시야가 좁아지기 때문이다.

사내에 '정치적'인 행위가 만연되어 있거나 과거의 성공에 너무 안주해 있으면 창의성이 저해된다. 과거의 성공으로 새로운 시각을 가지지 못하는 것을 성공함정이라고 한다.

그리고 절차나 규정이나 너무 엄격하게 시행되는 곳 역시 유연성이 없기 때문에 창의성이 꽃필 수 없다.

참고문헌

김영채(1999). 『창의적 문제해결: 창의력의 이론, 개발과 수업』. 교육과학사.

나상억 역(2001). 『스파크』. 세종서적(Leonard D., & Swap, W.(1999). *When sparks fly: Igniting creativity in groups*).

노혜숙 역(2003), 『창의성의 즐거움』, 북로드(Csikszentmihalyi, M.(1996). *Creativity: Flow and the psychology of discovery and invention*).

다나카 고이치(2004). 『일의 즐거움』. 하연수 역. 김영사.

문정화 · 하종덕(1999). 『또 하나의 교육 창의성』. 학지사.

박승숙 역(2003). 『창조성과 고통』. 아트북스(Sandblom, P.(1997). *Creativity and disease*).

오성호 역(2003). 『역발상의 법칙』. 황금가지(Sutton, R. I.(2002). *Weird ideas that work*).

이덕남 역(2003). 『꿈은 알고 있다』. 나무와 숲(Barrett, D.(2002). *The committee of sleep*).

이일남 역(1991). 『바보가 더 참신한 아이디어를 낸다』. 이성과 현실(von Oech, R.(1983). *A Whack on the Side of the Head*. New York: Warner).

이종인 역(2002). 『유쾌한 이노베이션』. 세종서적(Kelley, T., & Littman, J.(2001). *The art of innovation*).

임선하(1993). 『창의성에의 초대』. 교보.

장재윤(2000). "전자 브레인스토밍: 집단 창의성 기법으로서의 허와 실." 『한국심리학회지: 사회 및 성격』, 14(3), 79-108.

장재윤(2000). 『조직 창의성에 대한 개념적 모형 및 진단 척도 개발』. 한국산업 및 조직심리학회 춘계학술발표회 논문집, 61-80.

장재윤(2001). 『기업에서의 창의성 경영』. 이화여대. 2001년 지식경영학회 학술심포지움 발표논문집, 17-37.

장재윤 외 역(1999), 『기업의 창의력』. 지식공작소(Robinson, A. G., & Stern, S.(1997). *Corporate creativity: How innovation and improvement actually happen*. CA: Berrett-Koehler).

장재윤 · 구자숙(1998). "보상이 내재적 동기 및 창의성에 미치는 효과: 개관 및 적용." 『한국심리학회지: 사회 및 성격』, 12(2), 39-77.

장재윤 · 구자숙 역(2002). 『열정과 몰입의 방법』. 지식공작소(Thomas, K. W.(2000). *Intrinsic motivation at work*).

장재윤 · 박영석(2000). "창의적 작업환경 측정용 KEYS 척도의 타당화 연구: 한국 기업조직을 대상으로." 『한국심리학회지: 산업 및 조직』, 13(1), 61-90.

정대서 역(2004). 『여섯 색깔 모자』. 한언(Edward de Bono(1985). *Six thinking hats*).

정민(2004). 『미쳐야 미친다』. 푸른 역사.

최인수(1998). "창의성을 이해하기 위한 여섯 가지 질문." 『한국심리학회지: 일반』, 17, 25-47.

최인수 역(2004). 『플로우』. 한울림(Csikszentmihalyi, M.(1990). *Flow: The psychology of optimal experience*).

홍성욱(2003). "개인의 창의성과 과학기술." 『국내 과학기술인력의 창의적 연구역량 강화방안』. 과학기술정책연구원.

황태호 역(1995). 『좋은 아이디어군요!』. 진선출판사(Thompson, C.(1992). *What A Great Idea*. Harper Collins).

Adams, J. L. (1979). *Conceptual Blockbusting: A Guide to Better Ideas* (2nd ed.). Stanford, CA: Stanford Associates.

Amabile, T. M. (1988). "A model of creativity and innovation in organizations."

In B. M. Staw, & L. L. Cummings (eds.). *Research in Organizational Behavior* (Vol. 10, pp. 123-167). Greenwich, CT: JAI Press.

Amabile, T. M. (1996). *Creativity in context: Update to the social psychology of creativity.* Colorado: Westview Press.

Amabile, T. M. (1998). "How to kill creativity." *Harvard Business Review*, Sep.-Oct., 76-87.

Amabile, T. M., Conti, R., Coon, H., Lazenby, J., & Herron, M. (1996). "Assessing the work environment for creativity." *Academy of Management Journal*, 39(5), 1154-1184.

Anderson, J. V. (1992). "Weirder than fiction: The reality and myths of creativity." *Academy of Management Executive*, 6(4), 40-47.

Bailyn, L. (1985).' "Autonomy in the industrial R&D laboratory." *Human Resource Management*, 24, 129-146.

Barron, F. (1955). "The disposition toward originality." *Journal of Abnormal and Social Psychology*, 51, 478-485.

Barron, F., & Harrington, D. M. (1981). "Creativity, intelligence, and personality." *Annual Review of Psychology*, 32, 439-476.

Basadur, M., Graen, G. B., & Scandura, T. A. (1986). "Training effects on attitudes toward divergent thinking among manufacturing engineers." *Journal of Applied Psychology*, 71(4), 612-617.

Basalla, G. (1988). *The Evolution of Technology.* London: Cambridge University Press.

Boden, M. A. (ed.) (1994). *Dimensions of Creativity.* Bradford Books.

Cameron, J., & Pierce, W. D. (1994). "Reinforcement, reward and intrinsic motivation: A meta-analysis." *Review of Educational Research*, 64, 363-423.

Carson, S. H., Peterson, J. B., & Higgins, D. M. (2003). "Decreased latent inhibition is associated with increased creative achievement in high-functioning individuals." *Journal of Personality and Social Psychology*, 85, 499-506.

Chen, C. C., Ford, C. M., & Farris, G. F. (1999). "Do rewards benefit the organization? The effects of reward type and the perceptions of diverse R&D professionals." *IEEE Transactions on Engineering Management, 46,* 47-55.

Condry, J. (1977). "Enemies of exploration: Self-initiated versus other-initiated learning." *Journal of Personality and Social Psychology, 35,* 459-477.

Csikszentmihalyi, M. (1990). "The domain of creativity." In M. A. Runco & R. S. Albert (eds.). *Theories of creativity* (pp. 190-212). Newbury Park, CA: Sage.

Davis, G. A. (1999). *Creativity is forever.* Kendall/Hunt.

Deci, E. L., & Ryan, R. M. (1985). *Intrinsic motivation and self-determination in human behavior.* NY: Plenum Press.

Edwards, J. R. (1991). "Person-job fit: A conceptual integration, literature review, and methodological critique." In C. L. Cooper & I. T. Robertson (eds.). *International Review of Industrial and Organizational Psychology* (Vol. 6, pp. 283-357). NY: Wiley & Sons.

Eisenberger, R., & Cameron, J. (1996). "Detrimental effects of reward: Reality or myth?" *American Psychologists,* 51(11), 1153-1166.

Eysenck, H. J. (1995). *Genius: The Natural History of Creativity.* Cambridge University Press.

Finke, R. A., Ward, T. B., & Smith, S. M. (1992). *Creative Cognition: Theory, Research and Applications.* Bradford Books.

Freedman, J. L., Cunningham, J. A., & Krismer, K. (1992). "Inferred values and the reverse-incentive effect in induced compliance." *Journal of Personality and Social Psychology, 62,* 357-368.

Gardner, H. (1993). *Creating Mind: An Anatomy of Creativity Seen through the Lives of Freud, Einstein, Picasso, Stravinsky, Elliot, Graham, and Gandhi.* Basic Books.

Getzels, J. W., & Csikszentmihalyi, M. (1976). *The creative vision: A longitudinal study of problem finding in art.* NY: Wiley.

Glover, J. A., Ronning, R. R., & Reynolds, C. R. (eds.) (1989). *Handbook of Creativity.* Plenum.

Gruber, H. E. (1981). *Darwin on Man: A Psychological Study of Scientific Creativity*. University of Chicago Press.

Hays, J. R. (1989). "Cognitive process in creativity." In J. A. Glover, R. R. Ronning, & C. R. Reynolds (eds.), *Handbook of creativity* (pp. 135-146). NY: Plenum Press.

Hermann, N. (1988). *The Creative Brain*. Brain Books.

Hines, T. (1987). "Left brain/right brain mythology and implications for management and training." *Academy of Management Review*, 12(4), 600-606.

Isaksen, S. G., Murdock, M., Firestien, R. L., & Treffinger, D. J. (eds.) (1993). *Nurturing and Developing Creativity: The Emergence of a Discipline*. Norwood, NJ: Ablex.

Isaksen, S. G., Murdock, M., Firestien, R. L., & Treffinger, D. J. (eds.) (1993). *Understanding and Recognizing Creativity: The Emergence of a Discipline*. Norwood, NJ: Ablex.

Jackson, S. E., Brett, J. F., Sessa, V. I, Cooper, D. M., Julin, J. A., & Peyronnin, K. (1991). "Some differences make a difference: Individual dissimilarity and group heterogeneity as correlates of recruitment, promotion, and turnover." *Journal of Applied Psychology*, 76, 675-689.

Janis, I. L. (1982). *Victoms of Groupthink*. Boston: Houghton Mifflin.

Joyce, M., Isaksen, S. G., Davidson, F., Puccio, G. J., & Coppage, C. (eds.) (1997). *An Introduction to Creativity*. Copley Pub.

Kabanoff, B., & Rossiter, J. R. (1994). "Recent developments in applied creativity." *International Review of Industrial and Organizational Psychology*, 9, 283-324.

Kao, J. (1996). *Jamming: The Art and Discipline of Business Creativity*. Harper.

Kohn, A. (1993). "Why incentive plans cannot work." *Harvard Business Review*, Sep.-Oct., 54-63.

Ludwig, A. M. (1995). *The price of greatness: Resolving the creativity and madness controversy*. The Guilford Press.

MacKinnon, D. W. (1965). "Personality and the realization of creative potential." *American Psychologists,* 20, 273-281.

Miller, W. C. (1987). *The Creative Edge: Fostering Innovation Where You Work.* Addison-Wesley.

Mumford, M. D., & Gustafson, S. B. (1988). "Creativity syndrome: Integration, application, and innovation." *Psychological Bulletin,* 103(1), 27-43.

Nemeth, C. J. (1986). "Differential contributions of majority and minority influence." *Psychological Review,* 93, 23-32.

Nierenberg, G. I. (1982). *The Art of Creative Thinking.* Fireside Book.

Ochse, R. (1990). *Before the Gates of Excellence: The Determinants of Creative Genius.* Cambridge University Press.

Pelz, D. C., & Andrews, F. M. (1966). *Scientists in organizations.* NY: Wiley.

Peterson, J. B., Smith K. W., & Carson, S. H. (2002). "Openness and extraversion are associated with reduced latent inhibition: Replication and commentary." *Personality and Individual Differences,* 33, 1137-1147.

Rosenthal, R., & Jacobson, L. (1968). *Pygmalion in the classroom.* Rinehart & Wiston.

Rothenberg, A. (1990). *Creativity and madness: New findings and old stereotypes.* Baltimore: Johns Hopkins University Press.

Runco, M. A., & Albert, R. S. (eds.) (1990). *Theories of Creativity.* Sage.

Shaw, M. P., & Runco, M. A. (eds.) (1994). *Creativity and Affect.* Ablex.

Simonton, D. K. (1975). "Sociocultural context of individual creativity: A transhistorical time-series analysis." *Journal of Personality and Social Psychology,* 32(6), 1119-1133.

Simonton, D. K. (1994). *Greatness: Who Makes History and Why.* The Guilford Press.

Simonton, D. K. (2000). "Creativity: Cognitive, personal, developmental, and social aspects." *American Psychologist,* 55, 151-158.

Spreitzer, G. M. (1997). "Toward a common ground in defining empowerment." In W. A. Pasmore, & R. W. Woodman (eds.). *Research in organizational change and development* (Vol. 10, pp. 31-62). Greenwich, CT: JAI Press.

Staw, B. M. (1990). "An evolutionary approach to creativity and innovation." In West & Farr (eds.). *Innovation and Creativity at Work* (pp. 287-308). Chichester, UK: Wiley.

Sternberg, R. J. (ed.) (1988). *The Nature of Creativity: Contemporary Psychological Perspective.* Cambridge University Press.

Sternberg, R. J. (ed.) (1999). *Handbook of Creativity.* Cambridge University Press.

Sternberg, R. J., & Lubart, T. I. (1995). *Defying the Crowd: Cultivating Creativity in a Culture of Conformity.* The Free Press.

Sternberg, R. J., & Lubart, T. I. (1996). "Investing in creativity." *American Psychologists,* 51, 677-688.

Sutton, R. I., & Hargadon, A. (1996). "Brainstorming groups in context: Effectiveness in a product design firm." *Administrative Science Quarterly,* 41, 685-718.

Unsworth, K. (2001). "Unpacking creativity." *Academy of Management Review,* 26, 289-297.

Wallace, G. (1926). *The art of thought.* New York: Harcourt Brace.

Wallace, D. B., & Gruber, H. E. (eds.) (1989). *Creative People at Work: Twelve Cognitive Case Studies.* Oxford University Press.

Ward, T. B. (1994). "Structured imagination: The role of category structure in exemplar generation." *Cognitive Psychology,* 26, 1-40.

Ward, T. B., Finke, R. A., & Smith, S. M. (1995). *Creativity and the Mind: Discovering the Genius Within.* Plenum.

Weisberg, R. W. (1993). *Creativity: Beyond the Myths of Genius.* Freeman.

Weisberg, R. W. (1995). "Case studies of creative thinking: Reproduction versus restructuring in the real world." In S. M. Smith, T. B. Ward., & R. A. Finke (eds.). *The Creative Cognition Approach* (pp. 53-72). Cambridge, MA: MIT Press.

West, M. A., & Farr, J. L. (eds.) (1990). *Innovation and Creativity at Work.* John

Wiley & Sons.

Winner, E. (1982). *Invented Worlds: The Psychology of the Arts.* Harvard University Press.

Woodman, R. W., Sawyer, J. E., & Griffin, R. W. (1993). "Toward a theory of organizational creativity." *Academy of Management Review,* 18, 293-321.

Zuckerman, M. (1994). *Behavioral expressions and biosocial bases of Sensation Seeking.* Cambridge: Cambridge University Press.

내 모자 밑에 숨어 있는
창의성의 심리학

초판 인쇄   2007년 2월 6일
초판 발행   2007년 2월 12일

지은이 | 장재윤 · 박지영
펴낸이 | 이종헌
펴낸곳 | 가산출판사
주 소 | 서울시 마포구 신수동 85-15
          TEL (02) 3272-5530~1
          FAX (02) 3272-5532
E-mail   gasanbook@empal.com
등 록 | 1995년 12월 7일 제10-1238호

ISBN 978-89-88933-62-6   03180